가타카나어

한 번에

인패스하기

棚橋明美 · 渡邊亜子 · 大場理恵子 · 清水知子 공저

가타카나어

한 번에 인패스하기

일본어 으뜸

(주)시사일본어사
book.japansisa.com

はじめに

　まずはじめに、学習者の皆さんに質問です——あなたはカタカナが得意ですか？

　「まあまあ」「何とか」「一応」ぐらいの答えは言いたいですね。でも、上級の学習者さえ、「ちょっと苦手」「実は、よくわかっていない」という人が少なくないのではないでしょうか。実際、漢字はきちんと書けるのに、カタカナを書くと、ひらがなが混ざってしまう人や、逆向きの字を書く人もいます。また、一つ一つの文字は書けても単語としての表記はでたらめ、という学習者もたくさん見られます。

　ひらがなや漢字に比べ、カタカナはあまり重要とされず、授業で扱われることもほとんどありませんでした。そのため、苦手意識を持ちながらも、そのままにしてきた人が多かったと思います。

　カタカナで表記される外来語が今、日本語の中にどんどん増えています。特に、交通手段や、テレビ、インターネットなどの通信手段の発達による急速なグローバル化により、そのスピードは驚くほど速くなっています。日本語の中にカタカナ語が増えていくのに反対し、「ちゃんと日本語に翻訳すべきだ」と言う人もいますが、この人たちの言う「日本語」とは、いわゆる「漢語」（漢字で書かれる言葉）であり、そのルーツは中国語にあります。「カタカナ語」も、もとは外来語であっても、今はもう「漢語」と並んで、ちゃんとした「日本語」の一員なのです。

　ひらがなや漢字とは違う機能を持ったカタカナ語は、今後も日本語の中でますます重要な役割を果たすことになるはずです。皆さんもよくごぞんじの「日本語能力検定試験」でも、このようなカタカナ語の状況に対応するため、日常生活でよく使われるカタカナ語を積極的に取り入れることになりました（2010年の改定）。

　この本では、新試験をはじめ、日本語教育がめざす新しい方向を視野に入れながら、重要だと思われるカタカナ語を約 1,000 語取り上げて、皆さんの学習の充実を図っています。

　世の中がめまぐるしく動く中、日本語をめぐる状況も、日々変化しています。そして現代の生きた日本語を身につけるうえで鍵となるのが、カタカナ語です。

　さあ、この本で、カタカナ語にチャレンジしましょう！

2010 年 11 月 著者一同

　付記　この本を完成させることができたのは、よきパートナーとして終始私たちと並走してくれた、Ｊリサーチ出版の梅崎力睦さんの献身的なサポートによるものです。著者一同より、心から御礼申し上げます。

우선 학습자 여러분에게 질문입니다. ——가타카나를 잘 아시나요?

'그럭저럭' '그냥저냥' '대충' 정도의 답은 하고 싶겠죠. 하지만 상급 학습자조차 '별로 잘 못해요' '실은 잘 몰라요'라는 사람이 많지 않을까요? 실제로 한자는 제대로 쓰면서도 가타카나를 쓰면 히라가나와 혼동하는 사람이나 방향을 거꾸로 쓰는 사람도 있습니다. 또, 문자 하나하나는 쓸 수 있어도 단어 표기는 엉터리인 학습자도 많이 볼 수 있습니다.

히라가나나 한자에 비해 가타카나는 그다지 중요시되지 않고 수업에서 다루는 경우도 거의 없습니다. 그 때문에 잘 못한다고 생각하면서도 그대로 방치한 사람이 많았다고 생각합니다.

현재 일본어에는 가타카나로 표기된 외래어가 점점 늘어나고 있습니다. 특히, 교통수단이나 텔레비전, 인터넷 등의 통신수단 발달에 의한 급격한 글로벌화로 그 스피드는 놀랄 정도로 빨라지고 있습니다. 일본어 속에 가타카나어가 늘고 있는 것에 반대하여, '제대로 일본어로 번역해야 한다'는 사람도 있습니다만, 이 사람들이 말하는 '일본어'라는 것은 말하자면 '한자어' (한자로 쓰여진 말)이고 그 근원은 중국어입니다. '가타카나어'도 원래는 외래어였지만 지금은 이미 '한자어'와 마찬가지로 제대로 된 '일본어'의 일원입니다.

히라가나나 한자와는 다른 기능을 가진 가타카나어는 앞으로도 일본어 속에서 점점 중요한 역할을 해내게 될 것입니다. 여러분도 잘 아시는 '일본어 능력 시험'에도 이와 같은 가타카나어 상황에 대응할 수 있도록, 일상 생활에서 자주 사용되는 가타카나어를 적극적으로 포함시키게 되었습니다 (2010 년 개정).

이 책은 개정된 시험을 비롯하여 일본어 교육이 목표로 하는 새로운 방향을 시야에 넣어, 중요하다고 생각되는 약 1,000 개의 가타카나어를 다루어 여러분의 학습에 도움이 되도록 했습니다.

세상이 어지러울 정도로 급변하는 가운데 일본어를 둘러싼 환경도 나날이 변화하고 있습니다. 그리고 이 시대의 살아 있는 일본어를 익히는데 있어 열쇠가 되는 것이 바로 가타카나어입니다.

여러분, 이 책으로 가타카나어에 도전해 봅시다 !

2010년 11월 저자일동

가타카나어는 어떤 말?

가타카나어의 탄생

6 세기경, 중국에서 불교와 함께 많은 경전이 일본으로 전해졌습니다. 이것이 한자의 전래입니다. 마침내 일본인은 한자를 사용하여 일본어의 음을 써서 나타내기에 이르렀습니다(만요가나). 또한 스님들이 경전의 읽는 법을 기억하기 위해 한자의 일부를 사용하여 음을 나타내는 기호를 발명했는데, 이것이 가타카나의 탄생입니다. 그리고 지금 우리들은 한자 · 가타카나 · 히라가나라는 3 종류의 문자 덕분에 풍부한 표현력을 가진 일본어를 사용하고 있는 것입니다.

가타카나어의 역할

가타카나는 현재 외래어를 표기하는 역할을 담당하고 있습니다. 16 세기경에 일본에 들어온 「パン 빵」이나 「タバコ 담배」 등은 포르투갈어에서 온 말이지만, 지금은 완전한 일본어 어휘로 정착이 되어 있습니다. 19 세기에 일본이 쇄국을 끝마치자 구미에서 새로운 기술, 사상 등이 물밀듯이 들어와 그것을 번역한 「文化 문화」「哲学 철학」「経済 경제」 등 일본에서 만들어진 한자어가 생겼습니다. 그러나 그 후, 외래어의 급속한 증가에 따라 한자로 번역을 하지 않고 그대로 가타카나로 나타내는 경우가 많아지게 되었습니다.

광범위하게 활약하는 가타카나어

현대 사회에서는 비즈니스, 의료, IT 등 여러 분야에서 가타카나어를 사용합니다. 지금은 일본문화를 대표하는 애니메이션이나 만화의 세계에서도 가타카나어나 가타카나를 사용한 표현이 중요한 역할을 하고 있습니다. 가타카나어가 주는 '새롭다' '현대적이다' '멋있다'라는 이미지 때문에, 패션이나 화장품 등의 분야에서는 적극적으로 가타카나어를 사용하고 새로운 가타카나어를 만들어 냅니다. 또한 가타카나 표기는 외래어만이 아니라 어려운 한자어를 손쉽고 가까운 언어로 표현하고 싶을 때, 한자나 히라가나로 쓰면 너무 진지해지는 말이나 문장을 가벼운 느낌으로 표현하고 싶을 때에도 자주 사용됩니다. 일상 생활에서 오히려 가타카나어 없이 대화를 끝내기는 어려울 것입니다.

가타카나어의 법칙

가타카나어는 외국어의 음을 일본인이 일본어의 음으로 바꾸어 놓은 것입니다. 그래서 일본어와는 다른 음의 체계를 가지는 외국인에게는 원래의 말이 왜 이런 발음이 되는지 왜 이런 표기가 되는지 이해하기 어려울지도 모릅니다. 또한, 외국의 말이 가타카나어가 되는(일본어화 되는) 경우의 법칙도 일정하지 않기 때문에 귀찮다고 느낄지 모릅니다.

하지만 약간의 법칙성은 있습니다. 이 책에서 많은 가타카나어를 접하는 연습을 함으로서 가타카나어의 법칙성과 패턴, 감각을 익힙시다. 그렇게 하면 새로 나오는 가타카나어를 흡수해 가는 힘이 길러질 것입니다.

Contents

이 책의 사용법

이 책은 다음과 같은 구성 · 내용으로 학습을 진행하세요.

STEP|01 가타카나의 글자와 소리를 익히자!

글자와 음을 하나 하나 연결시켜, 50개의 가타카나를 정리한다.

> **연습1** 이제부터 a, b 중 하나의 소리를 한 번씩 발음합니다.
> 발음된 소리를 골라 a 혹은 b 에 ○표를 해주세요.

STEP|02 가타카나어의 음과 리듬을 파악하자!

단어 속에서 가타카나어 음의 특징이나 패턴을 파악한다.

> **연습1** 다음 그림은 가타카나로 어떻게 쓸까요?
> CD 를 듣고, 올바른 것에 ○표를 해주세요.
>
> チズ
> チーズ

STEP|03 가타카나어 단어와 표현을 외우자!

문장 속에서 가타카나어의 기본적인 형태를 파악해 어휘를 늘려 간다.

STEP|04 회화 속에서 가타카나어를 사용해 보자!

회화나 스피치 속에서 가타카나어를 분별해 듣는다.

> **연습1** CD 를 듣고, (   ) 안에 가타카나나 히라가나를 쓰세요.
>
> 🎯24 ① 동료와의 대화
>
> A：この（a   ）屋上（おくじょう）に、
>   いい（b   ）あるんですよ。
> B：じゃあ、夏（なつ）になったら、みんなで
>   （c   ）行きましょう。

STEP|05 가타카나어를 사용해 글을 써 보자!

가타카나어를 사용해 자기소개나 안내문 등의 짧은 문장을 쓴다.

- **実力テスト** 실력 테스트

STEP 1～5를 정리하며 가타카나어에 대한 실력을 측정할 수 있다.

- **カタカナ語ミニ知識** 가타카나어 미니 지식

가타카나어의 특징을 일본 문화 속에서 포착한 6개의 칼럼

- **アクティビティー** 활동

교실 활동에 사용할 수 있는 역할 게임

- **カタカナ練習帳** 가타카나 연습장

가타카나의 사용법을 복습하기 위한 연습장

- **2개의 가타카나어 리스트의 사용법**

  – 연습하기 전에 예습을 하고 나중에 복습도 하고 싶다면 '각 스텝에서 나온 가타카나어'를 보세요.

  – 자주 사용하는 가타카나를 외우고 싶다면 '카테고리별 단어집'을 보세요.

- **가타카나어 표기에 대해**

여러가지 표기법이 있고 어느 것이나 널리 사용되는 경우, 이 책에서는 주로 다음과 같이 하였습니다.

1) 실제로 발음 되는 음에 맞춘다(특히 장음).

2) 가능한한 원래 발음에 가깝게 표기하는 등, 현재의 경향에 맞춘다.

- **QR 코드에 대해**

　본서에는 QR(Quick Respond) 코드가 사용되었습니다. 일일이 해답 페이지를 들쳐보지 않아도, 스마트폰을 이용해 간단하게 정답을 확인해 봅시다. 권해드릴만한 어플리케이션으로는 **아이폰**의 경우는 **네이버앱, 다음앱, 쿠루쿠루, 스캐니, QRdeCODE**, 갤럭시폰 등 **안드로이드폰**의 경우는 **스캐니, App to QR** 등의 어플리케이션이 있습니다. 그 외 스마트폰의 경우에도 QR 코드를 읽는데 필요한 어플리케이션을 다운받아 간단하게 이용할 수 있습니다. QR 코드와 관련된 문의는 당사 홈페이지 혹은 02)3671-0570 으로 전화주시면 자세하게 안내해드리겠습니다.

STEP
01

가타카나의 글자와
소리를 익히자!

가타카나의 글자와 소리를 익히자!

1. 가타카나의 글자와 소리를 연결하자

여러분은 이미 가타카나를 알고 있습니다. 하지만 모든 가타카나를 빠르게 읽고 쓸 수 있나요? CD를 들으면서 체크해 봅시다.

연습 1 이제부터 a, b 중 하나의 소리를 한번씩 발음합니다. 발음된 소리를 골라 a 또는 b에 ○ 표를 하세요.

1 a ウ　　b ク	**6** a ユ　　b コ
2 a ケ　　b テ	**7** a ア　　b マ
3 a ム　　b ヌ	**8** a ツ　　b シ
4 a ル　　b レ	**9** a ン　　b ソ
5 a チ　　b キ	**10** a ナ　　b メ

연습 2 CD를 들으면서 다음 표에 가타카나를 써보세요. CD 속도가 빠르니 집중하세요.

START ↓

n	wa	ra	ya	ma	ha	na	ta	sa	ka	a
		ri		mi	hi	ni	chi	shi	ki	i
		ru	yu	mu	hu	nu	tsu	su	ku	u
		re		me	he	ne	te	se	ke	e
	o	ro	yo	mo	ho	no	to	so	ko	o

45개의 가타카나를 전부 쓰셨나요? 몇 개 썼는지 스스로 체크해 봅시다. (☞ p.145~147 참조)

40개 이상 쓴 사람 ⇒ 쓰지 못했던 가타카나를 외운 뒤에 다음 '2. 글씨의 형태를 비교하자'로 넘어 갑시다.

39개 이하 쓴 사람 ⇒ '가타카나 연습장'(p.138)에서 가타카나를 연습합시다. 전부 외웠다면 다음 '2. 글씨의 형태를 비교하자'로 넘어갑시다.

2. 글자의 형태를 비교해 보자

여러분은 이제 가타카나를 전부 쓸 수 있습니다. 하지만 여러분이 쓴 가타카나의 형태는 올바른 것일까요? 여기서 자신이 쓴 가타카나를 다시 한번 체크해 보고 올바르게 쓰는 연습을 합시다.

(1) 같은 소리의 히라가나와 닮은 경우

같은 소리의 히라가나와 매우 닮은 가타카나가 있습니다. 하지만 다른 점도 있으니 주의하세요.

예를 들면 [ri] 소리의　　　　히라가나는　　　　　가타카나는

입니다. 제일 다른 곳은 ◯ 부분입니다. 히라가나의 「り」는 조금 치켜 올리지만, 가타카나의 「リ」는 그렇지 않죠? 그럼 연습해 봅시다.

연습　다음 ❶ ～ ❻의 로마자 소리를 히라가나와 가타카나로 쓰세요.

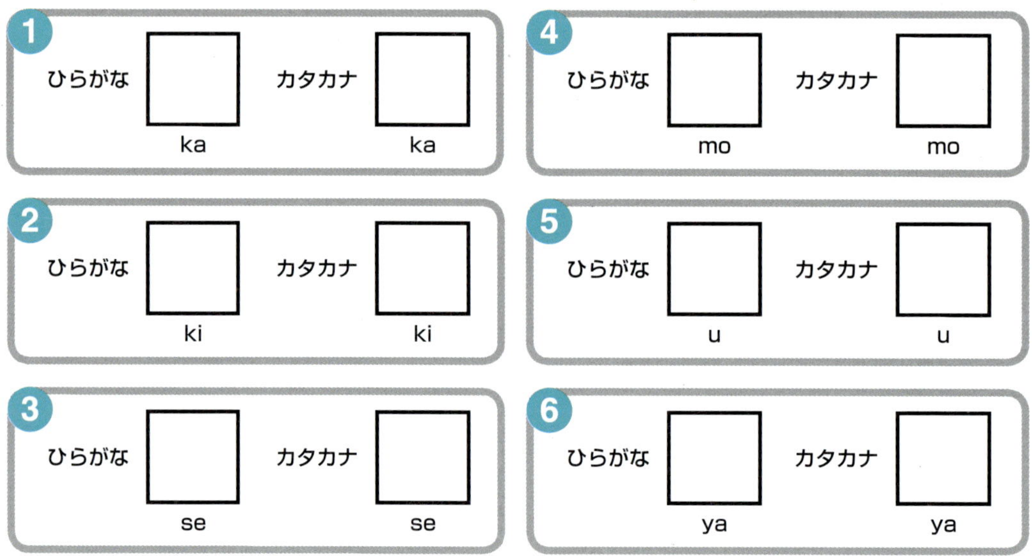

다음 페이지에 답과 포인트가 있으니 올바르게 썼는지 체크해 봅시다.

연습 답

1

히라가나	가타카나

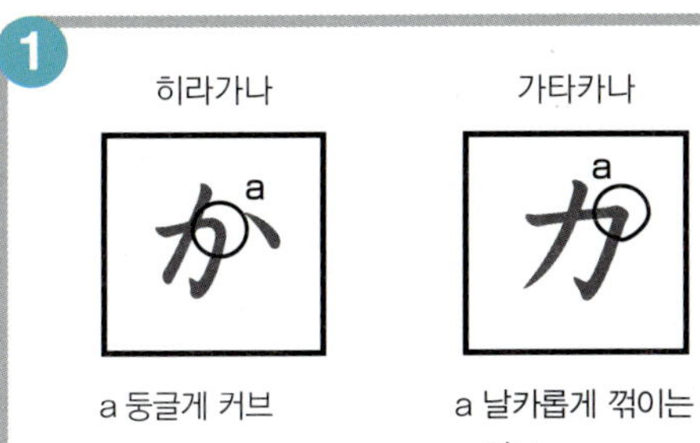

a 둥글게 커브

a 날카롭게 꺾이는 커브

4

히라가나	가타카나

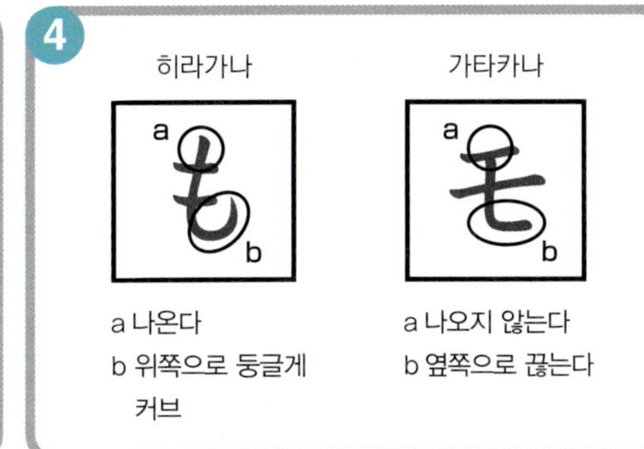

a 나온다
b 위쪽으로 둥글게 커브

a 나오지 않는다
b 옆쪽으로 끊는다

2

히라가나	가타카나

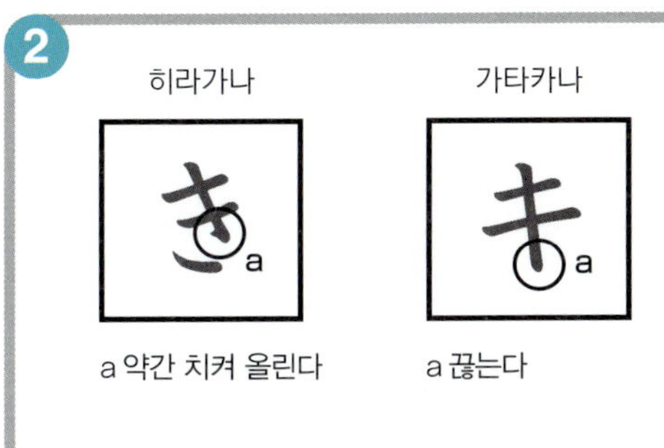

a 약간 치켜 올린다

a 끊는다

5

히라가나	가타카나

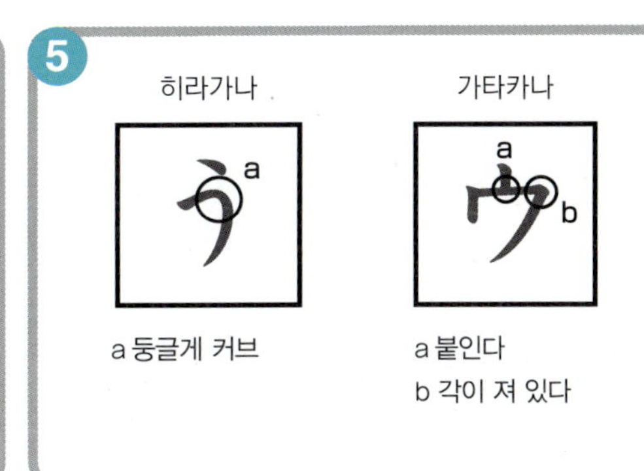

a 둥글게 커브

a 붙인다
b 각이 져 있다

3

히라가나	가타카나

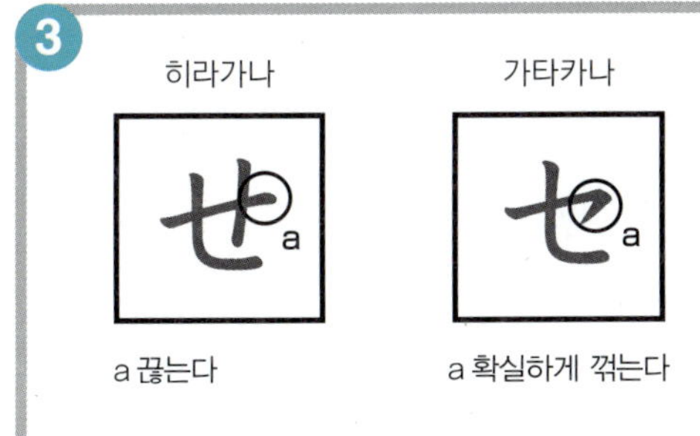

a 끊는다

a 확실하게 꺾는다

6

히라가나	가타카나

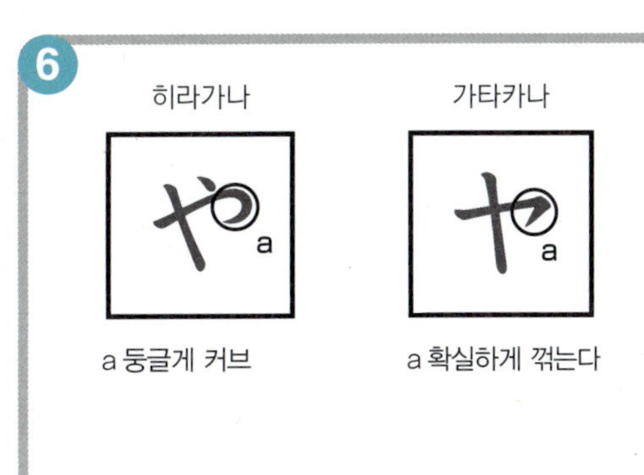

a 둥글게 커브

a 확실하게 꺾는다

(2) 모양이 비슷한 가타카나

아래의 가타카나를 보세요. 무슨 글자로 보이나요?「ア」일까요? 아니면「マ」일까요?

이처럼 모양이 닮은 가타카나는 올바르게 쓰지 않으면 어떤 글자인지 알 수 없습니다.

연습 다음 ❶ ~ ❿의 로마자 소리를 가타카나로 쓰세요.

1
a	ma

6
wa	ku

2
i	to

7
te	ra

3
shi	tsu

8
su	nu

4
n	so

9
ko	yu

5
na	me

10
yu	e

다음 페이지에 답과 포인트가 있으니 올바르게 썼는지 체크해 봅시다.

연습 답

1

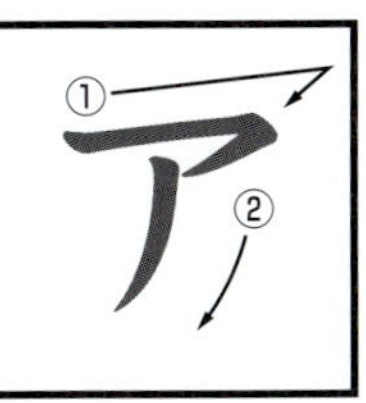

② 조금 왼쪽으로 기울고 길다

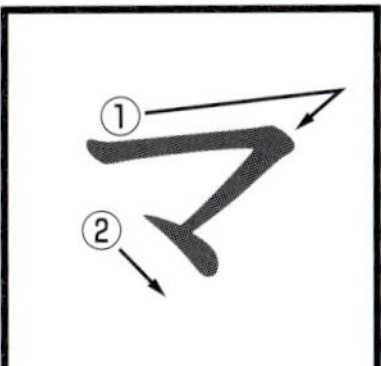

② 짧게 끊는다

2

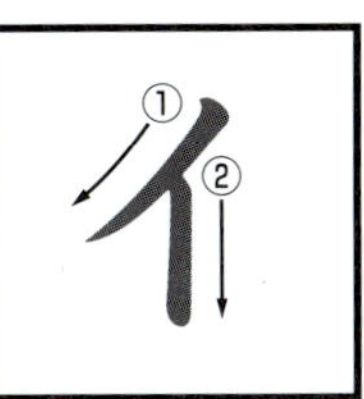

② 아래쪽으로 곧다

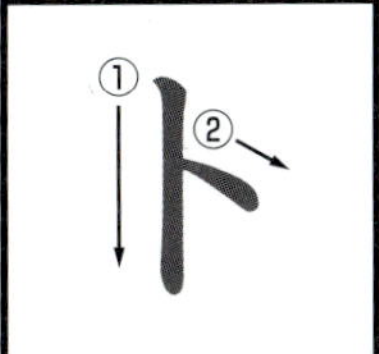

② 짧다

3

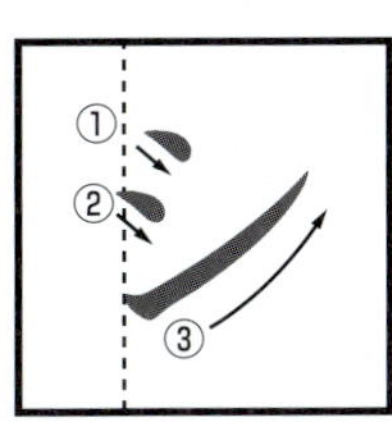

①②③ 거의 같은 선상에서
①② 왼쪽에서 오른쪽으로 (약
간 아래쪽으로) 짧게
③ 왼쪽 밑에서 오른쪽 위로

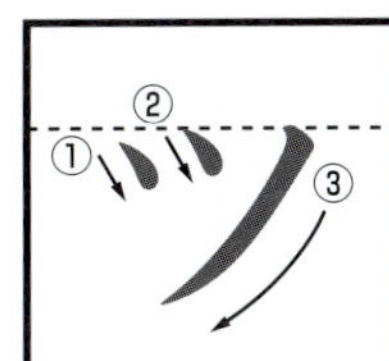

①②③ 거의 같은 높이에서
①② 위쪽에서 아래쪽으로 (약
간 오른쪽으로) 짧게
③ 오른쪽 위에서 왼쪽 아래로

4

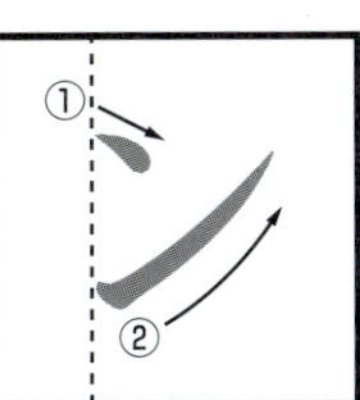

①② 거의 같은 선상에서
② 왼쪽 밑에서 오른쪽 위로

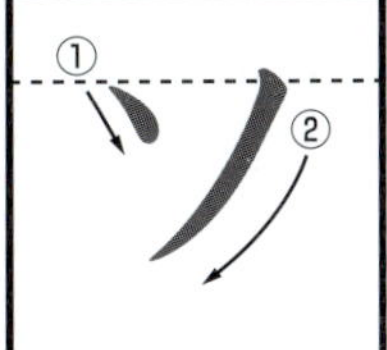

①② 거의 같은 높이에서
② 오른쪽 위에서 왼쪽 아래로

5

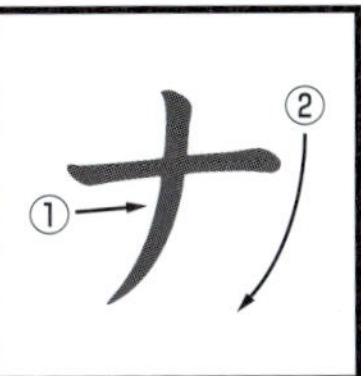

① 왼쪽에서 오른쪽으로 곧게
② 약간 왼쪽으로 기울인다

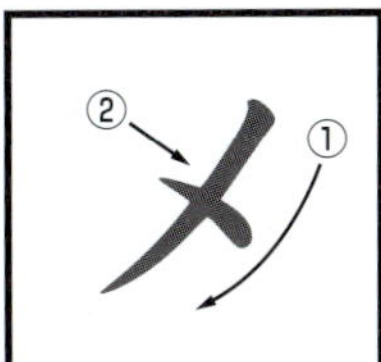

① 오른쪽 위에서 왼쪽 아래로
② 왼쪽 위에서 오른쪽 아래로
짧게

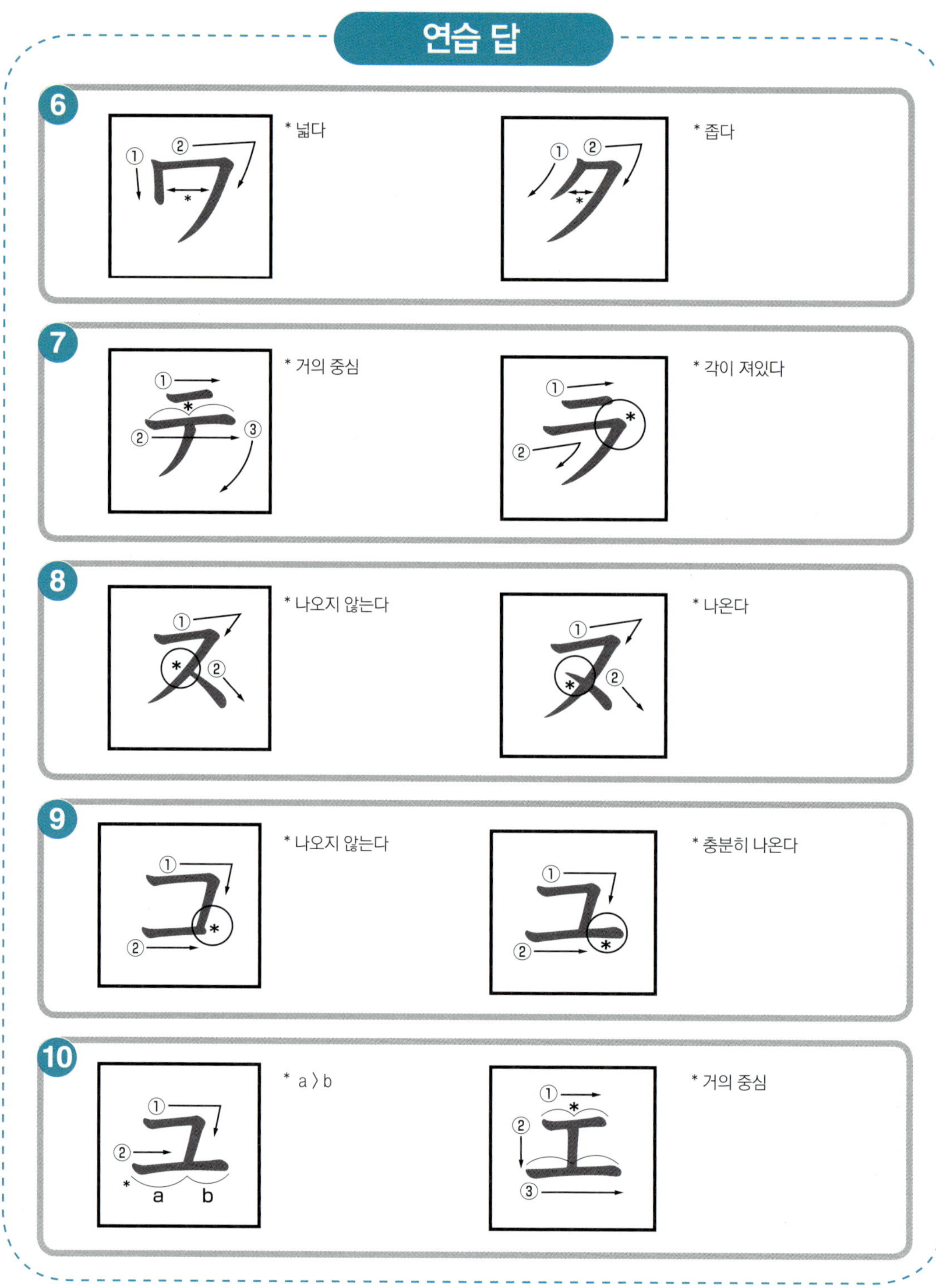

이 책 뒤쪽에 모든 가타카나의 포인트를 정리한 표가 있습니다. (p.145)
올바른 가타카나의 모양을 미리 공부하고 싶은 사람은 그 표로 공부하고 다음으로 넘어가세요.

まとめ問題 정리문제

01 유학생 유나 씨는 남자친구인 히로시 씨에게 CD와 편지를 받았습니다.

04 히로시 씨의 편지

유나, 가타카나 공부는 어때? 이제 다 외웠어?

이건 내가 내는 숙제야.

♣숙제

CD를 듣고, 다음 표의 1에서 25까지 가타카나를 써.

오른쪽 열의 「イ」부터, 세로로 읽어가면 내가 보내는 메시지를 알 수 있을 거야.

히로시 로부터

여러분도 CD를 듣고, 가타카나를 다음 표에 써 보세요. 어떤 메시지일까요? (☞정답 p.150)

1	ヒ	2	3	4	5	6	コ	イ
7	8	ダ	ツ	9	10	テ	ト	11
ヘ	シ	12	13	14	シ	15	ヲ	16
	17	イ	18	ト	テ	19	20	21
	22		23		24		25	ミ
			テ				ガ	ノ

STEP 02

가타카나어의
음과 리듬을
파악하자!

STEP 02

가타카나어의 음과 리듬을 파악하자!

1. 박자(Beat)에 주의하자

일본어의 '박자(Beat)'를 모르면 일본어를 올바르게 들을 수 없습니다. 여기서는 박자에 주의하면서 가타카나를 듣고 쓰는 연습을 해 봅시다.

(1) 일본어의 리듬(박자)

일본어에서는 음의 길이나 리듬에 주의해야 합니다. 예를 들면, 다음 문장 A와 B를 보세요. 음은 비슷하지만 의미가 전혀 다르답니다.

A : ゆめです.　　　꿈입니다.

B : ゆうめいです.　유명합니다.

일본어의 리듬(박자)에 주의하면, 「ゆめ」와 「ゆうめい」의 차이점을 알 수 있어요. 우선, 「박자」를 잘 알아 둡시다.

① おばさん　　　

② おばあさん　　

①은 「お」 「ば」 「さ」 「ん」으로 4박자, ②는 「お」 「ば」 「あ」 「さ」 「ん」으로 5박자입니다. 「あ」나 「ん」도 1박자이니 주의하세요.

③ きて  （来<ruby>き</ruby>て）

④ きって （切<ruby>き</ruby>って）

③은 「き」「て」로 2박자, ④는 「き」「っ」「て」로 3박자입니다. 「っ(작은 「つ」)」는 1박자입니다. 주의합시다.

⑤ びょういん 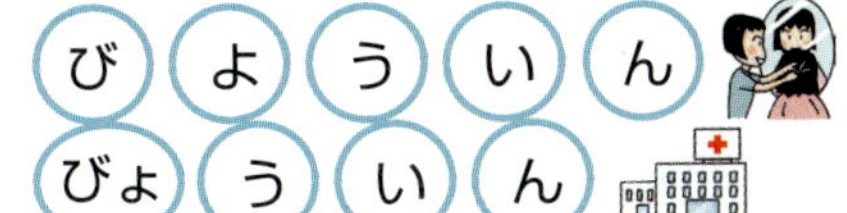

⑥ びょういん

⑤는 「び」「よ」「う」「い」「ん」으로 5박자, ⑥은 「びょ」「う」「い」「ん」으로 4박자입니다. 「ょ(작은 「よ」)」만으로는 박자가 되지 않습니다.

그럼, 박자에 주의하며 가타카나를 공부해 볼까요?

(2) 「一」음 - 길게 늘리는 음

히라가나에서는 길게 늘리는 음을 「えいが」「おばあさん」처럼 썼지만, 가타카나에서는 길게 늘리는 음을 「一」으로 나타내는 경우가 많습니다. 예를 들면 스키는 「スキー」라고 씁니다. 단, 음에 대해서는 「い」든 「あ」든 「一」이든 늘리는 것은 같은 음, 같은 길이입니다.

 **06 연습 1** 다음 그림은 가타카나로 어떻게 쓸까요? CD를 듣고 올바른 것에 ○표를 하세요. (☞정답 p.150)

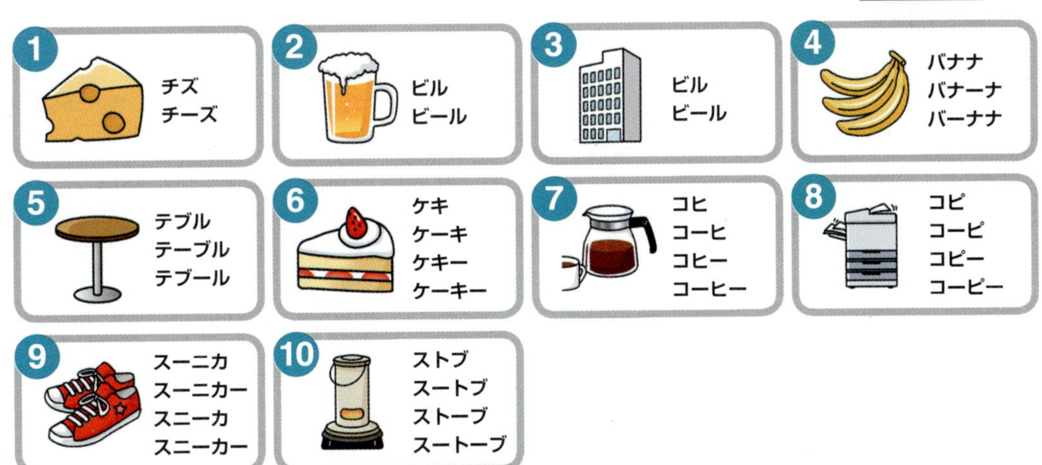

「ビル」는 건물(ビル로 2박자), 「ビール」는 마시는 것(ビール로 3박자)입니다. 음의 길이가 긴지 짧은지(「一」가 있는지 없는지)로 전혀 다른 의미가 되니 주의하세요.

 연습 2 CD를 듣고 ( )에 가타카나를 쓰세요. (☞정답 p.150)

① ( )を飲むとき、よく( )を食べます。

② 母の作る( )には、いつも( )が入っています。

③ ( )はこの( )の2階でできます。

④ ( )の上に( )がおいてあります。

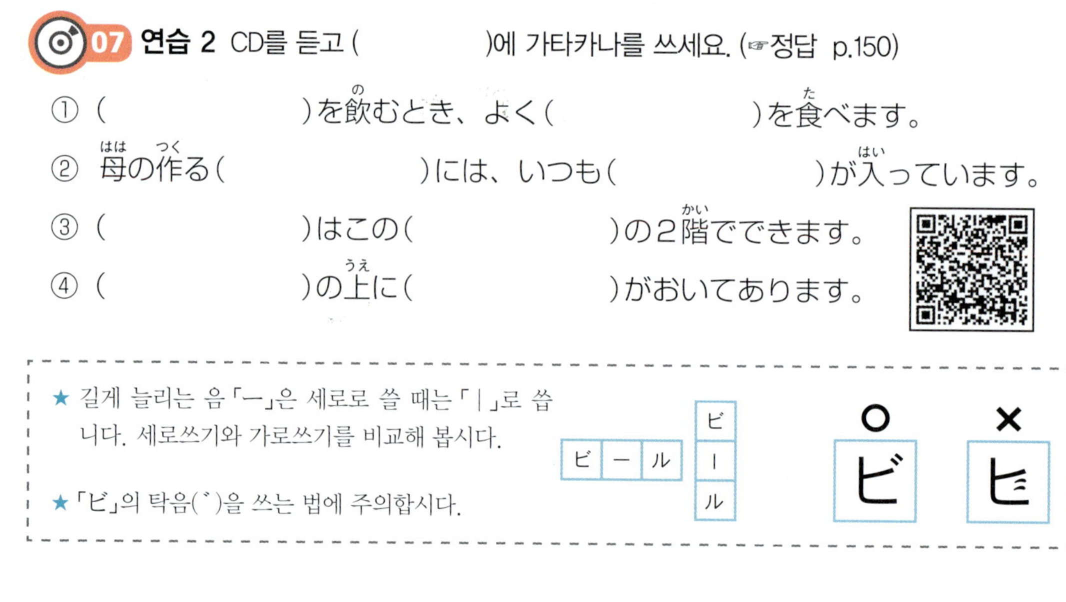

★ 길게 늘리는 음「ー」은 세로로 쓸 때는「｜」로 씁니다. 세로쓰기와 가로쓰기를 비교해 봅시다.

★「ビ」의 탁음(゛)을 쓰는 법에 주의합시다.

(3)「ン」음

가타카나「ン」은 히라가나의「ん」과 똑같이 사용됩니다.

 연습 1 다음 그림이 나타내는 단어는 가타카나로 어떻게 쓸까요? CD를 듣고 올바른 것에 ○표를 하세요. (☞정답 p.150)

「ワイン」은 ワイン으로 3박자, 「コンセント」는 コンセント로 5박자입니다.

09 연습 2 CD를 듣고 (　　　　　)에 가타카나를 쓰세요. (☞정답 p.150)

① 暑いから、(　　　　　　　)をつけよう。

② 外に出るときは、この(　　　　　　　)をはいてください。

③ 学校の(　　　　　　　)からメールを送りました。

④ この部屋には(　　　　　　　)が1つしかありません。

⑤ フランスでは、水より(　　　　　　　)のほうが安いそうだ。

⑥ めがねから(　　　　　　　)に変えました。

**가타카나어
미니지식 1**

「コン」이 많네요!

「パソコン」「エアコン」「リモコン」「マザコン」의 「コン」이 뭘까요? 각각 personal computer(パーソナル・コンピューター), air conditioner(エアー・コンディショナー), remote controller(リモート・コントローラー), mother complex(マザー・コンプレックス)의 「コン」으로, 원래 말과는 전혀 다르죠?

위 예에서는 「パソ」＋「コン」처럼 두 말을 각각 짧게 한 것이지만, 두 말 가운데 한 말만 짧게 한 가타카나어도 있는데요, convenience store(コンビニエンス・ストア)에서 나온 「コンビニ」가 그 예입니다. 

그 밖에 「合コン」의 「コン」은 「コンパ」가 짧아져서 생긴 말이에요. 「コンパ」는 주로 대학생이 사용하는 용어로 친구들이 모여 술이나 요리를 즐기는 모임을 말하는데, 「신입생 환영コンパ（新歓コンパ）」처럼 사용됩니다. 여기서 유래되어 특히 남녀가 만남을 목적으로 「コンパ」를 하는 것을 「合同コンパ」라고 말하게 되면서 그것을 짧게 한 「合コン」이라는 말이 생겼습니다.  「コンパ」의 원래 말은 영어의 company 이지만 이와 같은 의미는 없답니다. 「合コン」의 「コン」에서 company 를 떠올리기는 어렵겠죠? 이것은 원래 의미에서 많이 멀어진 「コン」의 예인데요, 이처럼 가타카나어는 만들어지는 것도 사용되는 것도 다양합니다.

(4) 작은 「ッ」가 있는 음

가타카나의 작은 「ッ」는 히라가나의 작은 「っ」와 똑같이 사용됩니다. 음도 길이도 히라가나와 같습니다.

10 연습 1 다음 그림이 나타내는 단어는 가타카나로 어떻게 쓸까요? CD를 듣고 올바른 것에 ○표를 하세요. (☞정답 p.150)

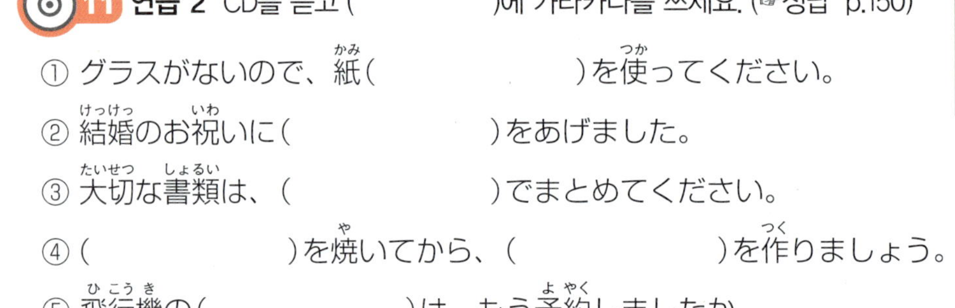

1. カプ / カップ / コプ / コップ
2. カプ / カップ / コプ / コップ
3. クッキ / クーキ / クキー / クッキー
4. チッケト / チケット / チッケット
5. ラケト / ラケット / ラッケット
6. ネクタイ / ネックタイ / ネックターイ
7. クッリプ / クリップ / クッリップ
8. ソックス / ソクッス / ソックッス
9. キッチン / キチン / キッチッン
10. サンドイチ / サンッドイチ / サンドッイチ / サンドイッチ

「きって」가 「き」「っ」「て」로 3박자가 되듯이, 「カップ」도 「カ」「ッ」「プ」로 3박자가 됩니다.

11 연습 2 CD를 듣고 (　　　　　)에 가타카나를 쓰세요. (☞정답 p.150)

① グラスがないので、紙〔かみ〕（　　　　　）を使〔つか〕ってください。

② 結婚〔けっけっ〕のお祝〔いわ〕いに（　　　　　）をあげました。

③ 大切〔たいせつ〕な書類〔しょるい〕は、（　　　　　）でまとめてください。

④ （　　　　　）を焼〔や〕いてから、（　　　　　）を作〔つく〕りましょう。

⑤ 飛行機〔ひこうき〕の（　　　　　）は、もう予約〔よやく〕しましたか。

★ 작은 「ッ」를 쓰는 위치에 주의합시다. 가로로 쓸 때와 세로로 쓸 때는 어떻게 다른지 잘 익혀둡시다.

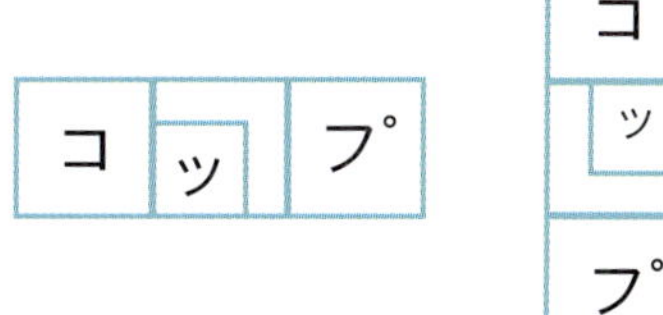

**가타카나어
미니지식 2**

Cup 은 カップ？ コップ？

「コップ」는 네덜란드어의 'Kop' 가 어원으로, 에도시대에 전해졌습니다. 음료수를 마실 때 일상적으로 사용되는 용기로, 대개 손잡이가 없는 단순한 형태의 것을 가리킵니다. 유리로 만들어진 것이 많지만 플라스틱으로 된 것이나 종이로 된 종이컵도 있습니다.

한편 「カップ」는 영어의 'Cup' 이 어원으로, 손잡이가 있습니다. 보통 플라스틱이나 도자기로 만들어 지는 것으로, 「コーヒーカップ」가 그 예입니다. 영어의 'Mug' 는 가타카나어로는 「マグカップ」가 됩니다. 

 또한 「ガラス」는 소재를 나타냅니다만, 같은 'glass' 에서 생긴 가타카나어 「グラス」는 음료수를 넣는 용기를 나타냅니다. 「グラス」에는 일상적인 「コップ」보다도 고급스러운 이미지가 있으며, 「ワイングラス」가 그 예입니다.

가타카나어가 생기는 배경에는 여러가지 드라마가 있을 것 같네요.

(5) 작은 「ャ」「ュ」「ョ」가 있는 음

가타카나의 작은 「ャ」「ュ」「ョ」는 히라가나의 작은 「ゃ」「ゅ」「ょ」와 똑같이 사용됩니다.
음도 길이도 히라가나와 같습니다.

12 연습 1 다음 그림이 나타내는 단어는 가타카나로 어떻게 쓸까요? CD를
듣고 올바른 것에 ○표를 하세요. (☞정답 p.150)

1	サツ シャツ シュツ ショツ	2	ジース ジウース ジユース ジュース	3	メニュー ミニュー メニユー ミニユー
4	ケチヤプ ケチヤップ ケチャプ ケチャップ	5	ジョギング ジョギング ジョーギング ジョッギング	6	マヨネーズ マヨネーズ ミヨネーズ ミョネーズ
7	リャイング リャーイング イヤリング イヤリング	8	カッシカード カッシュカード キャッシカード キャッシュカード		

「じしょ」가 じ しょ로 2박자가 되듯이, 「シャツ」도 シャ ツ로 2박자가 됩니다.

13 연습 2 다음 그림이 나타내는 단어는 가타카나로 어떻게 쓸까요? CD를
듣고 아래의 칸에 쓰세요. (☞정답 p.151)

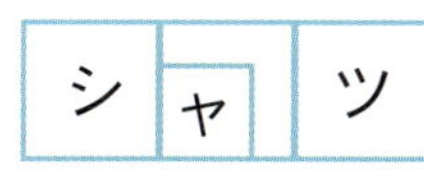 **연습 3** CD를 듣고 (   )에 가타카나를 쓰세요. (☞정답 p.151)

① 北京の(   )に日本語の(   )がありました。

② 青い(   )と黒い(   )を着ていきます。

③ (   )を忘れて、銀行で*お金がおろせなかった。

④ ハワイに行ってきた友達から(   )をもらいました。

⑤ この料理は(   )か(   )をつけて食べてください。

★ 작은「ャ」「ュ」「ョ」를 쓰는 장소는 작은「ッ」와 동일합니다. 세로쓰기와 가로쓰기는 어떻게 다른지 잘 익혀둡시다.

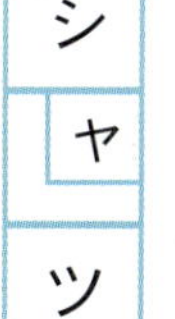

● **お金をおろす** 돈을 인출하다

ワイシャツ (와이셔츠) 의 「ワイ」는 Y ?

「Tシャツ」는 영어의 'T shirt' 에서 생긴 가타카나어입니다. 그럼 「ワイシャツ」는 어떨까요 ? 「Tシャツ」와 비슷한 가타카나어지만 'Y shirt' 라는 영어는 없습니다.

실은 「ワイシャツ」의 「ワイ」는 Y 가 아니라, 'white' 에서 온 말인데요, 구미인의 'white shirt' 라는 발음이 일본인의 귀에는 「ワイシャツ」라고 들린 것입니다. 이것이 남성이 양복 안에 입는 셔츠를 가리키게 되었습니다. 지금은 흰 셔츠 외에도 사용되며 「Yシャツ」라고도 씁니다. 참고로 '하얗다'라는 의미 'white' 는 일반적으로 「ホワイト」라고 씁니다 .

> **예** : ビル[2] (ビルロ 2박자)　　グラス[3] (グラス의 3박자)

① マヨネーズ	[　　]	⑥ イヤリング	[　　]
② チケット	[　　]	⑦ エレベーター	[　　]
③ チーズケーキ	[　　]	⑧ コンタクトレンズ	[　　]
④ バナナジュース	[　　]	⑨ バーベキュー	[　　]
⑤ チョコレート	[　　]	⑩ キャッシュカード	[　　]

복습 2 위의 ①～⑩을 세로로 쓰세요. (☞정답 p.151)

⑩	⑨	⑧	⑦	⑥	⑤	④	③	②	①	例
										グ
										ラ
										ス

2. 발음에 주의하자

가타카나는 히라가나에서는 나타낼 수 없는 음을 쓸 수 있습니다. 여기서는 가타카나의 발음과 문자의 관계에 주의하며 연습해 봅시다.

(1) 일본어에 없던 음① – 작은「ァ」「ィ」「ゥ」「ェ」「ォ」와 'v'음

가타카나에는 원래 일본어에 없는 발음을 쓸 때, 작은「ァ」「ィ」「ゥ」「ェ」「ォ」를 쓰는 경우가 있습니다. 또한 'v'음은「ヴ」라는 가타카나로 나타냅니다.

◎15 연습 1 다음의 ①~④는 유명한 사람의 이름입니다. CD를 듣고 □에 작은「ァ」「ィ」「ゥ」「ェ」「ォ」를 골라서 넣으세요. (☞정답 p.151)

① シ□イクスピア   ② モーツ□ルト

③ ウ□ルト・デ□ズニー   ④ レオナルド・ダ・ヴ□ンチ

다음 ①~④가 각각 어떤 사람인지, 바른 설명문을 a~d 가운데서 하나 고르세요.

① (　　　) ② (　　　) ③ (　　　) ④ (　　　)

a 「モナリザ(Mona Lisa)」をかいた画家です。

b 18世紀オーストリア(Austria)の作曲家です。

c 「ハムレット(Hamlet)」を書いた作家です。

d ミッキー・マウス(Mickey Mouse)は彼の作品です。

작은 「ア」「イ」「ウ」「エ」「オ」는 「ファ・フィ・フェ」(㉔ソファー・オフィス・フェア・フォロー), 「ディ」(㉔ボランティア), 「ディ」(㉔メディア), 「チェ」(㉔チェック), 「シェ」(㉔シェア), 「ジェ」(㉔プロジェクト) 같은 형태로 자주 사용됩니다. 이에 비해 「ウィ・ウェ・ウォ」,「ヴァ・ヴィ・ヴ・ヴェ・ヴォ」,「ツァ・ツィ・ツェ・ツォ」 등은 사용예가 적습니다.

◎16 연습 2 다음 단어는 가타카나로 어떻게 쓸까요? CD를 듣고 쓰세요.

1 Philippine 필리핀

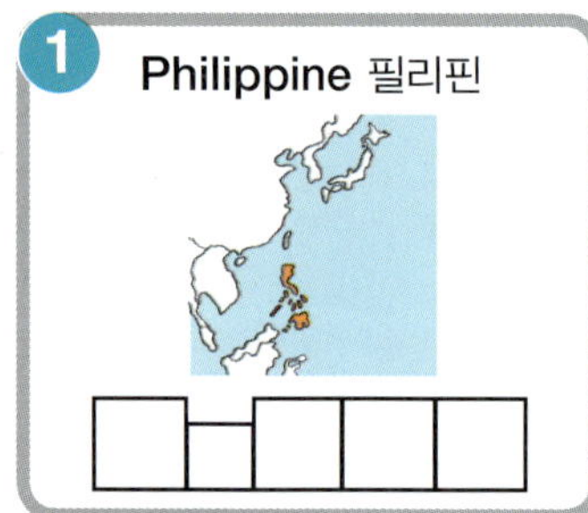

2 Norway 노르웨이

3 Ferrari 페라리
힌트 ▶ 이탈리아의 자동차

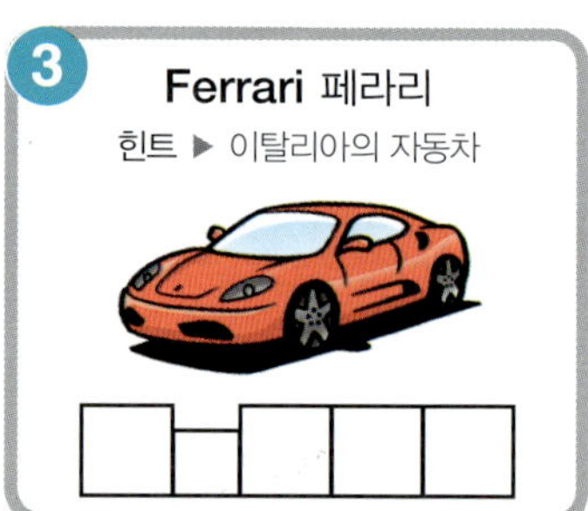

◎17 연습 3 다음 단어는 가타카나로 어떻게 쓸까요? CD를 듣고 쓰세요.

① スター・□オーズ　　② ウ□キペ□ィア
③ ロック・□エス□ィバル
④ セキュリテ□ー・□エック　　⑤ □□ッション・モデル

다음 ①～⑤에 대한 올바른 설명문을 a～e 중에서 1개 골라 주세요.

① (　　　)　② (　　　)　③ (　　　)　④ (　　　)　⑤ (　　　)

a 音楽のおまつり

b アメリカ映画の*タイトル(title)

c *インターネット(internet)で使う*百科事典

d 服を着て見せる仕事をする人

e 空港などで、危険なものがないかどうか確かめること

● **タイトル** 타이틀 | ● **インターネット** 인터넷 | ● **百科事典** 백과사전

**가타카나어
미니지식 4**

バイオリン일까, ヴァイオリン일까？

V 발음은 「ヴァ・ヴィ・ヴ・ヴェ・ヴォ」로도 「バ・ビ・ブ・ベ・ボ」로도 표기합니다. 그래서 'violin'은 「バイオリン」으로도 「ヴァイオリン」으로도 쓰지요. 단 「テレビ」는 원래 'television' 이지만, 「テレヴィ」라고 쓰는 일은 거의 없답니다.

작은 「ゥ」는 영어의 'do'를 나타내는 「ドゥ」「ドゥー」나, 영어 발음 [tu:](two / too / to) 를 나타내는 「トゥ」「トゥー」등으로 사용합니다. 단, [tu:] 는 「ツー」라고 쓰는 경우도 있습니다. 그 밖에 「フューチャー (future)」 등으로 쓰는 「フュ」도 가타카나만의 표기에요. 「トゥ」「ヴォ」등, 원래 발음에 가까운 표기는 패션잡지 이름이나 노래 제목 등, 세련된 분위기나 고급스런 이미지를 나타내고 싶을 때 사용하는 경향이 있습니다.

한편, 「ケーキ」(cake 의 발음은 「ケイク」에 가깝다), 「ラジオ」(radio 의 발음은 「レイディオ」에 가깝다)와 같이 다른 발음인 채로 일본어로 정착한 것도 많답니다.

또한 사람 이름 표기도 여러 가지 있습니다. 예를 들면 'James'는 「ジェームズ」「ジェームス」「ジェイムズ」「ジェイムス」중 어느 것으로도 나타낼 수 있습니다. 외국 말을 가타카나로 고치는 규칙은 그리 단순하지 않네요.

(2) 일본어에 없던 음② - 모음이 없는 음

일본어에서는 모음이 없는 음은 쓸 수 없습니다. 예를 들어 'k'라는 음만을 나타내고자 할 경우, 일본어에서는 표기할 수가 없습니다. 'k'에 모음인 a, i, u, e, o 를 붙여, 「カ、キ、ク、ケ、コ」라고 써야 합니다. 그럼 외국어에서 모음이 없는 부분을 가타카나어로 쓰면 어떻게 될까요? 아래에서 자세하게 알아봅시다.

18 연습 1A 가타카나의 근원이 된 단어를 두 번 발음하고, 그 후에 가타카나를 발음합니다. 어떻게 달라졌는지 주의하며 가타카나로 쓰세요. (☞정답 p.151)

① bus

② jazz

③ mask

④ group

⑤ cream

⑥ Christmas

⑦ fruits

⑧ running

가타카나에서는 대부분의 경우 [s] → ス[su], [k] → ク[ku], p → プ[pu], [ts] → ツ[tsu]와 같이 모음 [u]를 포함한 음이 됩니다. [n]은 그대로 「ン」이 됩니다. (「シャンプー (Shampoo)」 등 [m]이 「ン」이 되는 경우도 있습니다.)

🎯19 연습 1B 가타카나의 근원이 된 단어를 두 번 발음하고, 그 후에 가타카나를 발음합니다. 어떻게 달라졌는지 주의하며 가타카나로 쓰세요. (☞정답 p.151)

① drama

② passport

③ trumpet

④ sandwich

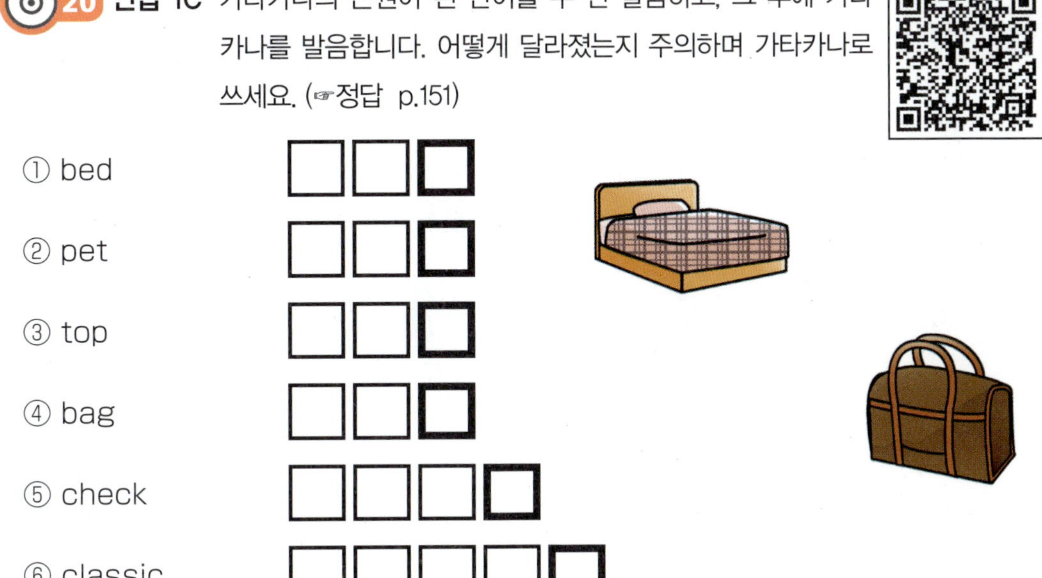

[ch]는 チ[chi], [t]는 ト[to], [d]는 ド[do]가 되는 경우가 많습니다. 「シャツ (shirt)」 등 [t]가 「ツ」가 되는 경우도 있습니다.)

🎯20 연습 1C 가타카나의 근원이 된 단어를 두 번 발음하고, 그 후에 가타카나를 발음합니다. 어떻게 달라졌는지 주의하며 가타카나로 쓰세요. (☞정답 p.151)

① bed

② pet

③ top

④ bag

⑤ check

⑥ classic

이처럼 가타카나에는 [○ッド] [○ット] [○ップ] [○ッグ] [○ック]라고 쓰는 단어도 많습니다. [d] [t] [p] [g] [k]의 앞에 짧은 모음이 올 때는 작은 「ッ」가 들어가는 경우가 많습니다.

 연습 2 CD를 듣고, ( ) 안에 들어갈 말을 가타카나로 쓰세요.

① 金曜日の夜は、いつも母と（ 　　　　　　　　 ）を見ています。

② 外国に行くときは、（ 　　　　　　 ）が必要です。

③ 音楽は、（ 　　　　　　 ）と（ 　　　　　　 ）が好きです。

④ その（ 　　　　　　 ）には、どんなくだものが入っているの？

⑤ こんなに暑いと（ 　　　　　　 ）が食べたくなる。

⑥ このパンととり肉で、（ 　　　　　　 ）を作りましょう。

⑦ 「北海道か……いいなあ」「うん。（ 　　　　　　 ）だったから安かったよ」

⑧ （ 　　　　　　　　 ）をかうなら、（ 　　　　　　 ）に入れて運べるぐらい小さ

な犬がいいな。

(3) 헷갈리기 쉬운 음 – b와 p / d와 t / g와 k

여기서는 음을 듣고 구분하는 연습을 합니다. 비슷한 음을 구분할 수 있는지 어떤지, 가타카나로 체크해 봅시다.

🎯 22　**연습 1** CD를 듣고, 올바른 쪽에 ○표를 하세요. (☞정답 p.152)

     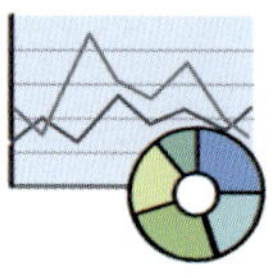 

① ビーチ　ピーチ	⑨ ガード　カード
② ビーチ　ピーチ	⑩ ガード　カード
③ ピザ　ビザ	⑪ カラス　ガラス
④ ピザ　ビザ	⑫ ピン　ビン
⑤ ダイヤ　タイヤ	⑬ ドラマ　トラマ
⑥ ダイヤ　タイヤ	⑭ モデル　モテル
⑦ ダウン　タウン	⑮ ダンス　タンス

⑧ ダウン　　タウン　　　　　　　　⑯ グラフ　　クラフ

ピン(핀) — びん(병), カード(카드) — ガード(호위), ピザ(피자) — ビザ(비자)처럼 하
나의 음이 달라지면 의미가 달라지는 것도 있으니 주의합시다.

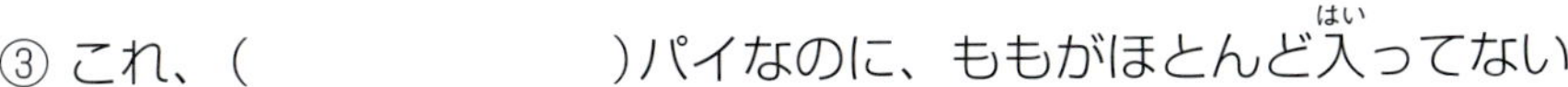 **23 연습 2** CD를 듣고, (　　)에 들어갈 말을 가타카나로 쓰세요.

① 髪の毛がじゃまだから、(　　　　　　　　　)でとめました。
② 海に行くなら(　　　　　　　　)サンダルがいるね！
③ これ、(　　　　　　　　　)パイなのに、ももがほとんど入ってない。
④ 子どもがおおぜいびに来たから、(　　　　　　　　)を配達してもらって
　　(　　　　　　　　　)にした。
⑤ 自転車の(　　　　　　　　　)を交換しなくちゃ。
⑥ これは、パソコンに水が入らないように(　　　　　　　　)する製品です。
⑦ この(　　　　　　　　　)で買い物をすると、ポイントがたまる。
⑧ 結婚するときに初めて(　　　　　　　　)の指輪を買ってもらった。
⑨ 外国で働く場合、(　　　　　　　　)が必要です。
⑩ 各国の人口の変化を(　　　　　　　　　)にまとめました。

**가타카나어
미니지식 5**　　「**コンセント**」가 뭐지？

　「この部屋には、コンセントが１つしかない(이 방에는 コンセント가 하나밖
에 없다)의 「コンセント」가 뭔지 아시나요? 영어의 consent 는 '동의'라는 말이니
까 이 「コンセント」와는 전혀 상관이 없습니다. 실은 전기제품의 플러그(plug)를
꽂는 부분을 가리키는 말로, 영어로는 outlet 이라고 합니다. 왜 outlet 이「コンセン
ト」가 되었는지 확실하지 않지만, concentric plug 라는 말에서 나뉘어져 생겼다
든가, concentrate(집중)에서 생겼다는 말도 있습니다.

　또한 「トレーナーを着ていく (トレーナー를 입고 가다)의 「トレーナー」도 영어의 trainer(훈
련하는 사람, 지도자)가 아니라 영어의 sweat shirt를 말합니다.

　이처럼, 일본에서 새로운 의미가 된 가타카나어나 일본인이 만든 가타카나어가 많은데요, 「バッ
クミラー」(영어로는 rearview mirror)나 「スキンシップ」(영어로는 physical contact) 등도
그렇습니다. 그 밖에 어떤 것이 있는지 여러분도 한번 찾아보세요!

まとめ問題 정리문제

(☞정답 p.152)

01 다음 밑줄 친 가타카나에 대한 질문에 답하세요.

① 暗いですね。カーテンを開けましょう。

② ボールを遠くに投げました。

③ きのうバレーボールをして、たのしかったです。

④ 寒かったらストーブをつけてください。

⑤ ボクシングを習いに行きたいです。

⑥ テニスのラケットが欲しいです。

⑦ 健康のために、毎朝ジョギングしています。

문제 1 ①〜⑦의 문장에서 가타카나는 무엇을 나타내고 있나요? 스포츠 이름에는 A, 스포츠에서 사용되는 도구는 B, 그 이외는 C를 쓰세요.

① カーテン　[　　　]　② ボール　　　[　　　]　③ バレーボール [　　　]

④ ストーブ　[　　　]　⑤ ボクシング [　　　]　⑥ ラケット　　[　　　]

⑦ ジョギング [　　　]

문제 2 아래 예와 같이 박자의 수를 쓰세요.

> **예** ビル [2]（ ビ　ル ）　ビール [3]（ ビ　ー　ル ）

① カーテン　[　　　]　② ボール　　　[　　　]　③ バレーボール [　　　]

④ ストーブ　[　　　]　⑤ ボクシング [　　　]　⑥ ラケット　　[　　　]

⑦ ジョギング [　　　]

02 문장의 의미를 생각하며, a〜b 중 올바른 것을 골라 ○표를 하세요.
（○표를 하지 않은 가타카나의 의미도 알아봅시다.）

① テレビの音を小さくしてくれない？（**a.** リモコン　**b.** エアコン）はテーブルの上にあるから。

② 台風で庭の木がたおれてきて、窓（**a.** グラス　**b.** ガラス）が割れた。

③ きのうの授業では、6人ずつの（**a.** グループ　**b.** グレープ）に分かれて実験をした。

④ 予約した（**a.** チケット　**b.** エチケット）は、コンビニで受け取ることができる。

⑤ 漢字がまちがっていないかどうか（**a.** チャック　**b.** チェック）してもらえますか。

03 가타카나 단어에 대한 설명입니다. 아래 a〜j에서 올바른 것을 골라,
（　）안에 기호를 쓰세요. 그리고 다음 페이지의 질문에 답하세요.

① 長いくつです。冬にはくとあたたかいです。　　　　　　　　（　　）
② 女の人のくつです。ヒールが高いです。　　　　　　　　　（　　）
③ *背広を着るとき、首につけます。　　　　　　　　　　　（　　）
④ 「くつした」のことです。　　　　　　　　　　　　　　　（　　）
⑤ 軽い運動をするときなどに使うくつです。　　　　　　　　（　　）
⑥ 耳につける*アクセサリーです。　　　　　　　　　　　　（　　）
⑦ *フォーマルな洋服です。上下で*セットになっています。　（　　）
⑧ 寒いときに使います。首にまきます。　　　　　　　　　　（　　）
⑨ 雨の日に出かけるとき、これがあると便利です。　　　　　（　　）
⑩ 背広を着るときのシャツです。　　　　　　　　　　　　　（　　）

---

a. ワイシャツ　b.ネクタイ　　c.ソックス　　　d.ブーツ　　e.イヤリング

f. スニーカー　g.ハイヒール　h.レインコート　i.マフラー　j.スーツ

문제 1 a~j는 무엇에 관한 단어인가요? 다음 □에 가타카나를 한 글자씩 쓰세요.

| フ | ァ | ッ | シ | | | 에 관한 단어

문제 2 a~j 중 다음 A~C에 해당하는 것을 각각 구분해서 쓰세요.

A 「着る」もの ＝

B 「はく」もの ＝ ブーツ、

C 「する」もの ＝

문제 3 a~j의 가타카나는 각각 몇 박자일까요? 괄호 안에 쓰세요.

a. ワイシャツ [　　　] 　　b. ネクタイ 　　[　　　] 　　c. ソックス 　　[　　　]

d. ブーツ 　　[　　　] 　　e. イヤリング 　[　　　] 　　f. スニーカー [　　　]

g. ハイヒール [　　　] 　　h. レインコート [　　　] 　　i. マフラー 　　[　　　]

j. スーツ 　　[　　　]

● **背広** 신사복 | ● **アクセサリー** 악세서리 | ● **フォーマル** 포멀(정장) | ● **セット** 세트

04 미쉘 퍼거슨(るミシェル・ファーガソン) 씨가 마리아 존스 씨에게 엽서를 보냅니다. 받는 사람을 세로로 적어주세요.

【マリア・ジョンズさんの住所】

〒 166-0002　杉並区高円寺2 － 3 － 5

※ 받는 사람을 어떻게 쓰는지 알아두는 편이 좋습니다. 답을 체크하고 기억해 둡시다.

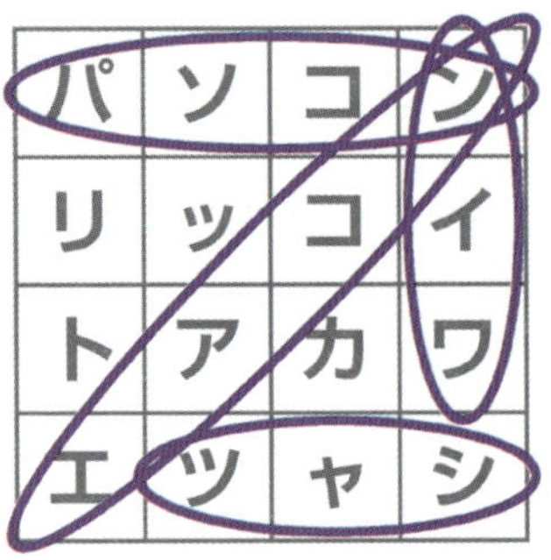

위, 아래, 오른쪽, 왼쪽, 대각선의 어떤 방향으로 읽어도 상관없습니다. 예를 들면 ①エアコン ②ワイン ③パソコン ④シャツ 4개의 단어가 들어 있습니다.

문제 아래의 퍼즐을 보세요. 이 안에는 음식이나, 마실 것을 나타내는 가타카나 단어가 12개 들어 있습니다. 5분 안에 얼마나 찾을 수 있을까요? 시간을 재면서 해 봅시다.

힌트 8개는 그림이 나타내고 있는 단어이고, 4개는 STEP2 에서 공부했던 가타카나 단어입니다.

주의 길게 늘리는 음은 세로로 쓸 때는 "丨", 가로로 쓸 때는 "一", 가로와 세로 양쪽이 겹칠 때에는 "一"로 쓰세요.

チ	ミ	ピ	ラ	フ	ス	ク	ア
ッ	ル	ザ	イ	ビ	リ	ニ	イ
イ	ク	ー	ガ	ー	バ	ン	ハ
ド	テ	ス	ム	ル	ゲ	ジ	ー
ン	ィ	ソ	コ	レ	ッ	ュ	ヒ
サ	ー	ト	ス	ー	ト	ス	ー
ダ	ラ	サ	ナ	ツ	ラ	ー	コ

06 크로스 워드 퍼즐에 도전!

주의 길게 늘리는 음은 세로로 쓸 때는 " ｜ ", 가로로 쓸 때는 "ー", 가로와 세로 양쪽이 겹칠 때에는 "ー"로 쓰세요.

①

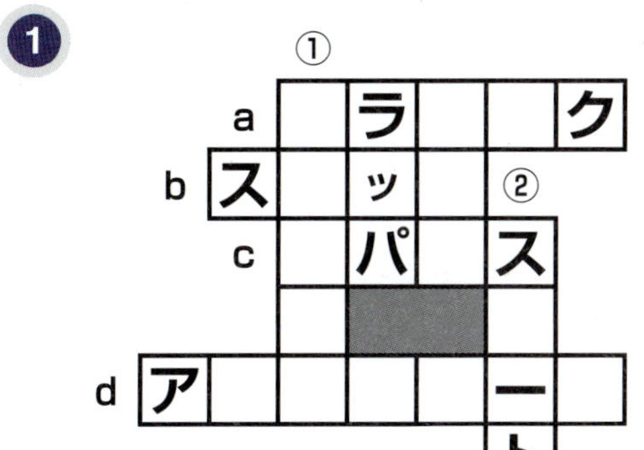

➡ 가로 힌트

a 유럽의 오래된 음악으로, ~ 음악 이라
고 합니다.
b 집 안에서 신습니다.
c 요리를 맵게 하거나, 요리에 좋은 향이
나게 합니다.
d 차갑고 달고 맛있습니다.

⬇ 세로힌트

① 12월 25일은?
② 여자가 신습니다.

②

➡ 가로 힌트

a 감기에 걸렸을 때 사용합니다.
b 콘서트에 갈 때나 비행기에 탈 때 이것
이 필요합니다.
c 음료수입니다. 과일로 만듭니다.
d leisure. 오락.
e puzzle

⬇ 세로힌트

① 미국의 음악입니다. swing 합니다.
② 예정을 말합니다. 다음 달은 ~ 이 꽉
차있어.
③ cookies
④ 구운 빵입니다. 아침 식사로 즐겨 먹습
니다.

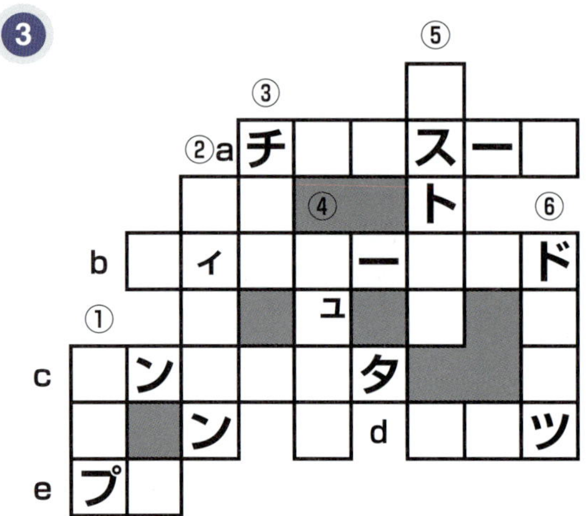

→ 가로 힌트

a 닭고기 수프입니다.

b 미키 마우스가 있습니다. 미국, 일본, 홍콩 등에 있습니다.

c 「○ン○○○タ」라고도 하고 「○ン○○○ター」라고도 합니다. 개인이 쓰는 것은 「パソコン」입니다.

d ワイ○○ツ, Ｔ○○ツ 라고도 합니다.

e professional

↓ 세로힌트

① 음료수를 마실 때 일상적으로 사용합니다. 유리나 종이로 된 것이 많습니다.

② 나라 이름입니다. 바나나가 유명합니다.

③ 우유로 만듭니다. 와인을 마실 때 먹습니다.

④ 신문이나 텔레비전으로 알 수 있습니다.

⑤ 밥을 먹으러 가는 장소 입니다.

⑥ 달콤한 과자입니다. 기름에 튀깁니다.

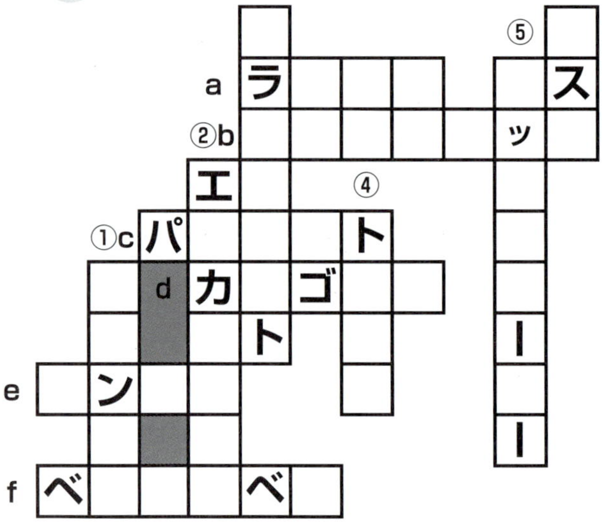

→ 가로 힌트

a 일본이나 중국의 noodle입니다.

b internet

c 외국에 나갈 때 필요합니다.

d category

e 이것에 옷을 겁니다.

f 독일의 작곡가입니다. 9번 교향곡이 유명합니다.

↓ 세로힌트

① 이것으로 머리를 감습니다.

② 계단보다 편리합니다.

③ fried potatoes

④ trick

⑤ 부엌에서 사용하는 종이입니다. Kitchen paper

⑥ test

STEP 03

가타카나어
단어와 표현을
외우자!

STEP | 03

가타카나어 단어와 표현을 외우자!

가타카나어는 명사, 동사, な형용사의 세가지 품사로 나눌 수 있습니다. 원래의 단어와 다른 품사가 되는 경우도 있으므로 주의하기 바랍니다.
STEP2까지는 보통의 명사를 중심으로 공부했지만, STEP3에서는 동사와 な형용사 외에 가타카나어를 사용한 여러 문장과 표현, 나라와 도시 이름 등도 공부하겠습니다.

1. 가타카나어의 품사

먼저 문제를 하나 풀어 보겠습니다.

다음 문장의 (　　　)에 들어갈 알맞은 가타카나어를 「コーヒー, カット, ハンサム」 중에서 하나씩 고르세요.

① a. 毎朝(　　　　　　　)を飲みます。
　　b. ABC美容院は、髪の(　　　　　　)が上手です。
② 暑くなったので、髪を(　　　　　)しました。
③ 父は、若い時はスターのように(　　　　　)な人でした。

답은 ① a コーヒー, b カット ② カット ③ ハンサム입니다.

가타카나어에서는 주로 동작이나 변화를 나타내는 명사(①b)에 「する」가 붙어, 「○○する」와 같은 형태의 동사가 만들어집니다(②). 또 「ハンサム」와 같이 원래 형용사였던 단어(혹은 명사나 동사)에 「な」가 붙어, な형용사가 만들어지기도 합니다(③).

2. '명사 + する'의 형태 – 동사

연습 1 a, b 중 하나를 골라 ①～⑧의 문장을 완성시키세요. (☞정답 p.154)

① 健康のために毎朝 (**a.** ファイル　**b.** ジョギング) しています。

② 会社では毎朝 (**a.** ミーティング　**b.** ファックス) しています。

③ 日曜日はレストランで4時間 (**a.** アルバイト　**b.** マーク) しています。

④ 暑い日に外で (**a.** スポーツ　**b.** スタート) するときは、水をたくさん飲んだほうがいいです。

⑤ 具合が悪くなったので、ホテルの予約を (**a.** スピーチ　**b.** キャンセル) しました。

⑥ 今年は試験に失敗しましたが、来年また (**a.** プレゼント　**b.** チャレンジ) します。

⑦ 風邪を引いているときは、あまり (**a.** シャンプー　**b.** アクセス) しないほうがいいですよ。

⑧ ここにある書類を全部 (**a.** ファイル　**b.** サービス) してください。

연습 2 다음 ①～⑦의 문장의 (　　)에 들어갈 알맞은 단어를 다음 페이지의 a～g에서 하나씩 골라, 문장을 완성시키세요.

① 自転車のタイヤが(　　　　　　　)している。

② 急いでいますので、すぐにこの資料を私の家に
(　　　　　　　)してください。

③ 来週の予定を言いますので、(　　　　　　　)してください。

④ 美容院では、(　　　　　　　　)するとき、頭のマッサージもしてくれる。

⑤ 見たいテレビ番組があったら、赤ペンで(　　　　　　　)しておいてね。

⑥ あなたの一番いいところがみんなにわかるように、大きな声で(　　　　　　　)
してください。

⑦ 日本の文化や習慣を学ぶため、東京の一般家庭に(　　　　　　)することにした。

---

a. メモ　　b. マーク　　c. シャンプー　　d. アピール

e. パンク　　f. ファックス　　g. ホームステイ

연습 3 다음 회화문을 읽고 가타카나어의 의미를 생각하여, ①～③의 a, b 중 올바른 것에 ○표를 하세요. (☞정답 p.154)

【* 定年で会社を去る部長へ】

* 部下：長い間ご苦労さまでした。これからは自由な時間をエンジョイしてください。

部長：ありがとう。きみにバトンタッチできるから、安心してリタイアできるよ。

① 「バトンタッチ」は (**a.** 人と仲良くなる　**b.** 次の人に渡す) という意味です。

② 「リタイアする」は (**a.** 会社を休む　**b.** 仕事をやめる) という意味です。

③ 「エンジョイする」は (**a.** 楽しむ　**b.** 考える) という意味です。

● **定年** retirement age 정년 | ● **部下** subordinate 부하

연습 4 회화문을 읽고 가타카나어의 의미를 생각하여, ①～②의 a, b 중 올바른 것에 ○를 하세요.

【ホテルに泊まるときの注意】

ホテルに着いたら、まずフロントで ①(a. チェックイン　b. チェック) します。受け付けのカードに名前、住所、電話番号を書いて、外国人はパスポートを見せます。

② (a. チェックイン　b. チェックアウト) するときは、忘れ物がないか、部屋の中を よく見ましょう。

연습 5 다음 회화문을 읽고 가타카나어의 의미를 생각하여, ①〜③의 a, b 중 올바른 것에 ○표를 하세요. (☞정답 p.154)

【一人で生活を始める娘と母親】

母：今日やることをリストアップしたら？ テレビと洗濯機をレンタルする、明日の入学式の時間をチェックする、それから、明日はく靴をみがく。ほかに何かあった？

娘：ちょっと待って。メモする紙がない。

① 「リストアップする」は (**a.** 腕を高く上にあげる　**b.** 必要なものを選んで表をつくる)という意味です。

② 「レンタルする」は (**a.** 借りる　**b.** 貸す)という意味です。

③ 「チェックする」は (**a.** もう一度よく見る　**b.** 人に聞く)という意味です。

연습 6 다음 회화문을 읽고 ①〜③의 (　　)에 들어갈 알맞은 단어를 다음 페이지의 a〜c에서 하나씩 고르세요. (☞정답 p.154)

【面接のアドバイス】

留学生：面接のときに注意することをアドバイスしてください。

先 生：髪はきれいにセットして、服はスーツを着たほうがいいですね。それから、部屋に入るときは必ずドアをノックしましょう。

留学生：わかりました。ありがとうございます。

① 髪を(　　　　　　　　　)なら、ABC美容院がいいですよ。
② ドアを(　　　　　　　　　)ときは、手を少し丸くして、軽くたたいてください。
③ 新入社員に敬語の使い方を(　　　　　　　　　)のは、先輩の仕事です。

a. ノックする　　　b. アドバイスする　　　c. セットする

연습 7 다음 회화문을 읽고 ①～③의 (　　　)에 들어갈 알맞은 단어를 아래의 a～c에서 하나씩 골라, 문장에 맞는 형태로 바꿔 써넣으세요. (☞정답 p.154)

【床屋での会話】
客：トレーニングするとき邪魔なので、髪を短くカットしてください。
店の主人：何のスポーツですか。
客：サッカーです。東西大学のサッカー部なんです。
店の主人：東西大学!? 私の後輩じゃないですか。じゃ、今日はカット代、1,000円

　　　　　サービスしましょう。

① あのスーパーで今日お米を買うと、牛乳を1本(　　　　　　　　　)てくれます。
② スポーツ選手は毎日(　　　　　　　　　)なければならない。
③ 夏は暑いからいつも髪を短く(　　　　　　　　　)ている。

a. トレーニングする　　　b. サービスする　　　c. カットする

연습 8 다음 회화문을 읽고 ①～③의 (　　　)에 들어갈 알맞은 단어를 아래의 a～c에서 하나씩 골라, 문장에 맞는 형태로 바꿔 써넣으세요. (☞정답 p.154)

【カラオケ店での会話】
田中：鈴木さん、私、古い歌が好きなの。この歌、リクエストするから歌って。
鈴木：えっ!? これ、歌ったことないよ。大丈夫かなあ。だれか一緒に歌ってくれ

ない？

<ruby>田中<rt>た なか</rt></ruby>：<ruby>大丈夫<rt>だいじょう ぶ</rt></ruby>、みんなでサポートするから。

トライしてみて！

① <ruby>困<rt>こま</rt></ruby>っている<ruby>人<rt>ひと</rt></ruby>をみんなで

（　　　　　　　　　　）<ruby>社会<rt>しゃかい</rt></ruby>をつくっていき

たい。

② この<ruby>問題<rt>もんだい</rt></ruby>は<ruby>難<rt>むずか</rt></ruby>しいと思いますが、<ruby>頑張<rt>がん ば</rt></ruby>っ

て（　　　　　　　　　）てみてください。

③ この<ruby>番組<rt>ばんぐみ</rt></ruby>では、<ruby>多<rt>おお</rt></ruby>くの<ruby>人<rt>ひと</rt></ruby>から

（　　　　　　　　　）された<ruby>歌<rt>うた</rt></ruby>を<ruby>紹介<rt>しょうかい</rt></ruby>しています。

a. トライする　　b. リクエストする　　c. サポートする

3. な형용사의 형태

연습 1 다음 회화문을 읽고 가타카나어의 의미를 생각하여, ①~②의 a, b 중
올바른 것에 ○표를 하세요. (☞정답 p.155)

【会社員の会話】

A：さっき仕事中にプライベートな話をしていたら、課長にしかられちゃった。

B：うちの会社、そういうところに厳しいからね。もう少しアットホームな感じ

　　だといいのに。

① 「プライベートな」は (a. 個人的な　b. 仕事に関係する) という意味です。

② 「アットホームな」は (a. 会社のような　b. 家庭のような) という意味です。

연습 2 다음 회화문을 읽고 가타카나어의 의미를 생각하여, ①~②의 a, b 중
올바른 것에 ○표를 하세요. (☞정답 p.155)

【母と娘の会話】

母：今日の夕飯は豆腐に納豆、野菜のサラダ。

　　ヘルシーなメニューでしょ？

娘：まだダイエットしてるの？ お母さん、もう十

　　分スリムよ。

　　私はもうやせなくていいから、２センチぐらい

　　の厚さのビーフステーキが食べたい。

① 「ヘルシーな」は (a. カロリーが高い　b. 体によい) という意味です。

② 「スリムな」は (a. 細い　b. 小さい) という意味です。

연습 3　다음 회화문을 읽고 가타카나어의 의미를 생각하여, ①～②의 a, b 중
　　　　올바른 것에 ○표를 하세요. (☞정답　p.155)

【レストランで】

A：どんな料理が好きですか。

B：シンプルな料理が好きです。味つけは塩を少しだけ、というような。

A：それはいいかもしれませんね。体にもそのほうがベターですし。

① 「シンプルな」は (**a.** 単純な　**b.** 複雑な) という意味です。

② 「ベターな」は (**a.** くらべるともっとよい　**b.** 一番よい) という意味です。

연습 4　다음 회화문을 읽고 ①～③의 (　　　)에 들어갈 알맞은 단어를 아래의
　　　　a～c에서 하나씩 고르세요. (☞정답　p.155)

【結婚式のパーティーに出席する友達の会話】

A：明日の真美のパーティー、どんな服で行く？

B：私はホテルのパーティーだから黒のフォーマルな格好で行く。

C：私はシャツにスカートのようなカジュアルな格好で行く。招待状に「普通の
　服で」って書いてあったから。

A：そうね。でも、ラフな服でも失礼だし。むずかしいね。

① 結婚式のパーティーなどの場合、ズボンやセーターはだめです。

　(　　　　　　　　　)服にしましょう。

② 多くの学生が、ジーンズにTシャツのような(　　　　　　　　　)服で学校に行き

　ます。

③ 今お見せするのは、大体の予定を書いた(　　　　　　　　　)スケジュール表です。
　詳しく決まったら、もう一度お見せします。

- -
　　　　　　a. ラフな　　　b. カジュアルな　　　c. フォーマルな
- -

연습 5 다음 회화문을 읽고 ①~②의 (   )에 들어갈 알맞은 단어를 아래의
a, b 중에서 하나씩 고르세요.. (☞정답 p.155)

【アニメのDVDを見ながらの会話】

A：このクマ、かわいいね。笑った時の顔がとてもチャーミング。

B：それに、歩き方もコミカル。ほんとにかわいい！

① 悲しい映画はあまり見たくありません。

　　笑いの多い(　　　　　　　　　)ものが見たいです。

② 美しい女性になりたいわけではありません。誰からも好かれるような

　　(　　　　　　　　　)女性になりたいのです。

a. チャーミングな　　b. コミカルな

4. 가타카나어를 사용한 표현

(1) 가타카나어 명사와 동사

연습 1 다음 ①~⑤의 a, b 중 올바른 것에 ○표를 하세요.. (☞정답 p.155)

① 暗くなったから、ライトを (**a.** つけ　**b.** し) ましょう。

② 本が汚れないように、カバーを (**a.** おし　**b.** し) ましょう。

③ 卵をゆでるときは、タイマーの時間を15分に (**a.** つけ　**b.** セットし) ましょう。

④ みなさん、カメラのほうを見てください。シャッターを (**a.** 行い　**b.** 押し) ます。

⑤ 用事があるときは、このブザーを (**a.** セットし　**b.** 押し) てください。

연습 2 다음 ①~⑤의 a, b 중 올바른 것에 ○표를 하세요.. (☞정답 p.155)

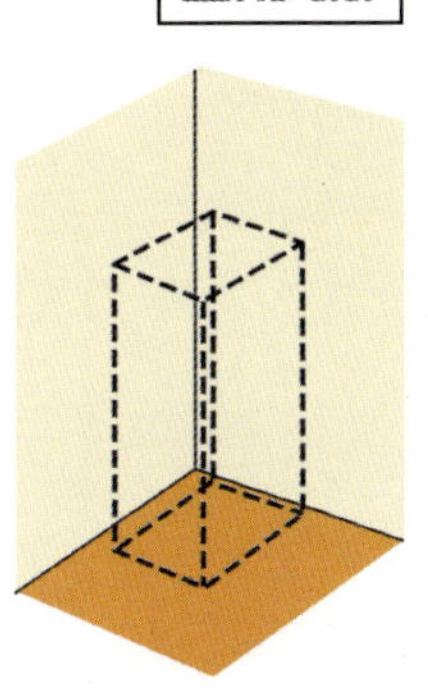

① 彼は今年から、この*オーケストラのメンバーに (**a.** なる

　　b. とる) そうです。

② このデパートで買い物をすると、価格の5パーセントがポ

　　イントに (**a.** する　**b.** なる)。

③ 水曜日はポイントが10点プラスに (**a.** する　**b.** なる)。

④ 荷物はフロントに (**a.** あずける　**b.** 置く) ことにした。

⑤ 洗濯機は、そこのコーナーに (**a.** 置い　**b.** 送っ) てください。

● **オーケストラ** 오케스트라

연습 3 다음 문장을 읽고 가타카나어의 의미를 생각하여, ①~⑤의 a, b 중 올바른 것에 ○표를 하세요.. (☞정답 p.155)

私はデザインの仕事をしています。会社はとてもせまくて、お客さんが来ても、お茶を出すスペースもありません。でも、アットホームな会社で、社長は社員のことを「～ちゃん」、社員も社長を「～さん」と呼んでいます。社員は社長に意見をストレートに言えるし、プライベートなことについても相談できます。私がミスをしてお客さんにクレームをつけられた時も、怒らないで、ていねいにアドバイスしてくれました。仕事でペアを組んでいる人も楽しい人で、私は仕事でストレスを感じたことがありません。

① 「スペースがない」は、(a. 場所がない　b. 場所が広い) という意味です。

② 「ストレートに言う」は、(a. はっきり言わない　b. はっきり言う) という意味です。

③ 「クレームをつける」は、店や会社などに (a. よくないと言う　b. いいと言う) という意味です。

④ 「ペアを組む」は、(a. 手をつなぐ　b. 二人で一組になる) という意味です。

⑤ 「ストレスを感じる」は、(a. 心や体が疲れた状態　b. 答えに迷っている状態) という意味です。

(2) 가타카나어의 여러 가지 표현

연습 1 다음 ①~⑤의 a, b 중 올바른 것에 ○표를 하세요.

【電車の中で】

ただいまより車内販売に参ります。①(a. 缶コーヒー　b. 缶づめコーヒー) とサンドイッチの ②(a. 販売セット　b. セット販売) をいたしております。
お座席のほうまでお持ちしますので、お声をかけてください。

연습 2 다음 회화문을 읽고 가타카나어의 의미를 생각하여, ①～③의 a, b 중에서 알맞은 것에 ○표를 하세요.. (☞정답　p.155)

【バス停で】

妻：残念！ バス行っちゃった。

夫：今日はショッピング、映画、食事、一日フルに遊んだね。疲れたからタクシーにしない？

妻：タクシーなんか乗れません！ 今日の予算は1万円ジャストなんだから。1円でも予算オーバーはだめ！

① 「一日フルに」は、(**a.** 一日全部　**b.** 一日楽しく) という意味です。

② 「1万円ジャスト」は、(**a.** 1万円ちょうど　**b.** 1万円より多い) という意味です。

③ 「予算オーバー」は、(**a.** 予定の金額より少ない　**b.** 予定の金額より多い) という意味です。

연습 3 다음 ①～⑥ 문장의 (　　　)에 「いい」, 「ない」, 「ある」 중에서 하나를 넣어 문장을 완성시키세요.. (☞정답　p.155)

① あの歌手はルックスが(　　　　　　)だけじゃなくて、歌も上手だね。

② ここは東京駅からのアクセスが(　　　　　　)から、土地の値段が高い。

③ ここにはテレビを置くスペースが(　　　　　　)。ほかのところに置こう。

④ ここなら、大きな物を置くスペースが(　　　　　　)。よし、ここに置こう。

⑤ 今日は頭も痛くないし、体のコンディションが(　　　　　　)。

⑥ この服は、上と下の色のバランスが(　　　　　　)。

5. 가타카나어로 나타내는 장소와 사람 이름

(1) 도시와 나라 이름

연습 아래 설명에 맞는 도시와 나라 이름이 되도록 □에 가타카나를 써넣으세요. (☞정답 p.155)

① 국제연합 본부가 있습니다.

ニュー□□□ （ア□□カ）

② 삼바축제로 유명한 국제적인 관광도시입니다.

リオデジャ□□□ （ブラ□□）

③ 아름다운 무역항으로 유명합니다. 2000년 여름에 올림픽이 열렸습니다.

シ□□□ （オ□□□ラリア）

④ 이집트의 수도입니다. 아랍문화의 중심지로, 아프리카 제일의 도시입니다.

□イ□ （エ□□ト）

⑤ 수도입니다. 1990년에 동서가 통일되었습니다.

ベ□□□ （ド〲□）

⑥ 최초의 대통령 이름이 수도 이름이 되었습니다. 동남아시아의 경제도시입니다.

ホ□□□□ （ベト□□）

⑦ 수도입니다. 나라의 이름과 같습니다. 말레이반도의 가장 남쪽에 있습니다.

シ□□□□ル （シ□□□□ル）

⑧ 수도입니다. 나라의 이름과 비슷합니다. 스페인의 식민지였지만, 1821년에 독립하였습니다.

メ□□□シティー （□□□コ）

⑨ 수도입니다. 국민 대다수는 불교를 믿습니다.

バ□□ク （□イ）

(2) 산과 강 이름

연습 설명에 맞는 강 이름이 되도록, □에 가타카나를 써넣으세요. (☞정답 p.155)

① 물의 양과 강 전체의 면적은 세계제일입니다. 신기한 동물이 많이 있습니다.

ア□□□川

② 북아메리카에 위치한 아주 큰 강으로, 멕시코만까지 이어지는 강입니다.

ミシ□□□川

③ 아프리카대륙을 남북으로 흐르는 세계에서 가장 긴 강입니다.

□□ル川

(3) 사람 이름

연습 아래의 설명에 맞는 이름이 되도록 □에 가타카나를 써넣으세요. 또 설명에 맞는 나라이름을
a~d 중에서 하나 골라 (   ) 안에 써넣으세요. (☞정답 p.155)

① 18세기 독일의 작곡가입니다. 많은 종교음악을 작곡하여, 음악의 아버지로 불립니다.

② 혁명 후의 프랑스를 통일하고 그 후 각국과 전쟁을 반복하여, 유럽의 넓은 지역을
지배했습니다.

③ 세계에서 가장 유명한 록밴드로 1960년대에 활약했습니다. 'Yesterday' 등이 유명
합니다.

④ 미국의 제16대 대통령으로, '국민의, 국민에 의한, 국민을 위한 정치'라는 슬로건이
유명합니다.

バ□□ (   )

ナポ□□□ (   )

□□□□ズ (   )

リ□□□□ (   )

a . アメリカ　　　b . フランス　　　c . イギリス　　　d . ドイツ

まとめ問題 정리문제

(☞정답 p.156)

01　다음 ①～④의 a, b 중 올바른 것에 ○표를 하세요.

① 結婚式に招待する人の名前を（**a.** ガイド　**b.** リストアップ）するのは、大変な仕事だ。

② オリンピック最後の競技・マラソンは、明日の9時に（**a.** キャンセル　**b.** スタート）する。

③ 最近、ベッドや冷蔵庫を自分で買わないで、（**a.** サービス　**b.** レンタル）する学生が増えているそうだ。

④ 引っ越し先に送る荷物のリストを（**a.** チェック　**b.** クリーニング）するように言われた。

02　다음 ①～⑧의 （　　）에「する」나「な」를 넣어 문장을 완성하세요.

① 大きな地震があると、すぐにラジオやテレビでアナウンス（　　　　　）ことになっている。

② いま一番ホット（　　　　　）話題は、日本がワールドカップに出られるかどうか、ということでしょう。

③ 使ったペットボトルは捨てないでリサイクル（　　　　　）ことになっている。

④ テレビを買うなら、少し高くても*画面はワイド（　　　　　）方がいいよ。

⑤ 東京マラソンで、父はゴール（　　　　　）ときVサインをした。

● **画面** 화면

⑥ 4月から給料が3パーセントから5パーセントくらいアップ（　　　　　）ら

しい。

⑦ 自分の国のことだけでなく、世界のことも考えてください。

グローバル（　　　　　）見方が必要です。

⑧ 朝9時から夜9時までずっと立っているようなハード（　　　　　）仕事はしたく

ない。

03 다음 문장의 ①～⑤에 들어갈 알맞은 단어를 a～e에서 하나씩 고르세요.

【未来のロボット】

高齢化社会では、人間を助けてくれるロボットが必要になります。いま、ロボットはテレビの（①　　　　　）を入れたり、人間と簡単なコミュニケーションをとったりすることができます。しかし、将来は、ロボットがファックスや（②　　　　　）を送ったり、手紙を（③　　　　　）に入れに行ったりしてくれるでしょう。それから、炊飯器のタイマーを（④　　　　　）したり、カメラのシャッターを押してくれたり、もっとたくさん（⑤　　　　　）ができるようになるでしょう。

a. セット　　　b. メール　　　c. サービス

d. スイッチ　　　e. ポスト

(　) 에 들어갈 한자를 아래에서 고르세요. (☞정답　p.156)

①

① pane　　　　　　　　　　　　(　　)ガラス
② gold medal　　　　　　　　　(　　)メダル
③ television station　　　　　テレビ(　)
④ toothbrush　　　　　　　　　(　　)ブラシ
⑤ rubber stamp　　　　　　　ゴム(　　)

②

① energy saving　　　　　　　(　　)エネ
② police motorcycle　　　　　(　　)バイ
③ bush telegraph　　　　　　(　　)コミ
④ sales staff　　　　　　　　　(　　)マン
⑤ professional baseball　　プロ(　　)

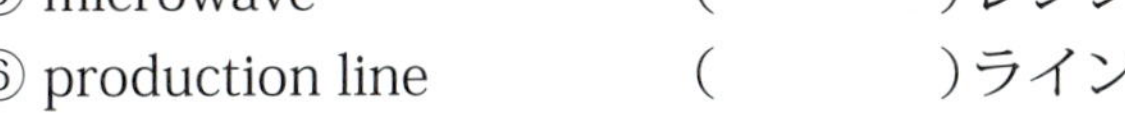

③

① venture company　　　ベンチャー(　　)
② desk lamp　　　　　　　(　　)スタンド
③ convenience food　　　インスタント(　　)
④ pop idol　　　　　　　　アイドル(　　)
⑤ microwave　　　　　　　(　　)レンジ
⑥ production line　　　　(　　)ライン

生産　　電気　　食品　　電子　　企業　　歌手

STEP
04

회화 속에서
가타카나어를
사용해 보자!

STEP 04

회화 속에서 가타카나어를 사용해 보자!

여기에서는 STEP1~3의 기본 학습을 바탕으로 회화 중심의 다양한 연습을 해 봅시다.

연습 1 CD를 듣고 (   ) 안에 가타카나나 히라가나를 쓰세요. (☞정답 p.156)

24 ① 동료와의 대화

A：この（a　　　　　　　）屋上に、

　　いい（b　　　　　　　　　　　）あるんですよ。

B：じゃあ、夏になったら、みんなで

　　（c　　　　　　　　　　　）行きましょう。

25 ② 문구점에서 친구와의 대화

A：なんか（a　　　　　　　）の？

B：うん。（b　　　　　　　　　　　）買った。

26 ③ 부자의 대화

父：うーむ、この（a　　　　　　　　　　）は、

　　赤（b　　　　　　　）合うなあ！

子：お父さん、（c　　　　　　　　　）には（d　　　　　　　　　）ある？

父：うん、ここだよ。大きくなったら、（e　　　　　　　　）食べに行くといいよ。

27 ④ 모자의 대화

母：ひろしは、お茶でも（a　　　　　　　　）、なんでも（b　　　　　　）のねえ。

ひろし：うん。

母：でも（a　　　　　　　　　　）は（b　　　　　　　　　）飲んだほうが

　　おいしいんじゃない？

ひろし：そうかなあ。おんなじだよ。

연습 2 우선 눈을 감고 대화를 들어 주세요. 그 다음에 대화를 한 번 더 들으면서
가타카나 단어만 쓰세요.(☞정답　p.156)

28 ① 공항의 안내방송 [3개]

（　　　　　　　　　　　　）

（　　　　　　　　　　　　）

（　　　　　　　　　　　　）

29 ② 고객과 프런트 직원의 대화 – 호텔에서 [3개]

（　　　　　　　　　　　　）

（　　　　　　　　　　　　）

（　　　　　　　　　　　　）

30 ③ 모자의 대화 - 집에서 [4개]

(   )

(   )

(   )

(   )

31 ④ 연인과의 대화 - 레스토랑에서 [5개]

(   )

(   )

(   )

(   )

(   )

32 ⑤ 편집자와 작가의 대화 [3개]

(   )

(   )

(   )

33 ⑥ 친구와의 대화 - 길에서 [4개]

(   )

(   )

(   )

(   )

34 ⑦ 젊은 부부의 대화 – 집에서 [3개]

(　　　　　　　　　　)
(　　　　　　　　　　)
(　　　　　　　　　　)

35 **연습 3** 아래 ①～⑤의 문장을 읽은 다음, 들려주는 대화를 듣고 회화의
내용과 맞으면 ○표, 틀리면 X표를 하세요. (☞정답 p.157)

不動産屋で

① (　　　　) 客が借りたいのは、ゴージャスなマンションです。

② (　　　　) 客が借りたいのは、ワンルーム・マンションです。

③ (　　　　) 不動産屋は、２ＤＫをすすめました。

④ (　　　　) 客は、バスルームとトイレがいっしょのほうがいいと言いました。

⑤ (　　　　) 客は、南向きで、ベランダのあるマンションを見に行きます。

36 **연습 4** CD를 듣고 답안지를 완성하세요. (☞정답 p.158)

① 그림 안에서 케이코와 유타를 찾아서 ○표를 하세요.

今日は、ひろしとゆみがセッティングした合コンの日。渋谷の*ハチ公前で待ち合わせです。ところが、ひろしとゆみが急に来られなくなったので、大変です。一度も会ったことのないけい子と勇太は、ケータイで話しながら、おたがいを探しています。

● **ハチ公** 시부야역 앞에 있는 개의 동상

② 자신의 집에 대해서 설명하고 있습니다. 그것을 듣고 (   ) 안에 방 이름을 쓰세요.

(☞정답 p.158)

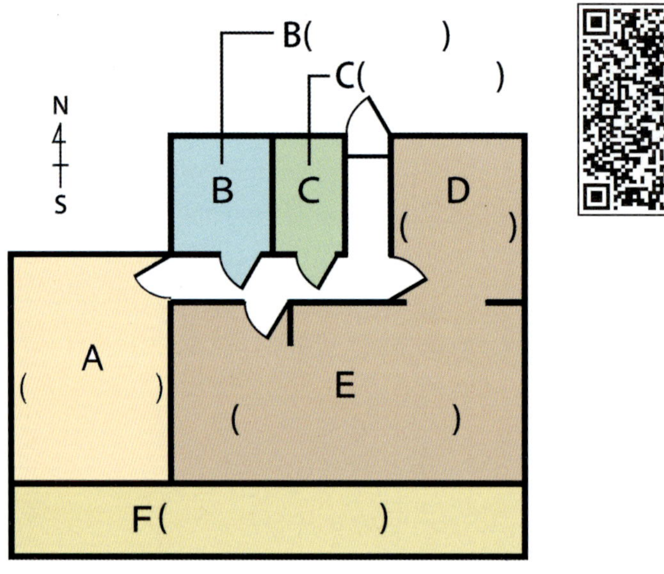

③ 미도리 씨가 피아노 선생님의 방에 대해서 설명하고 있습니다. 그것을 듣고 (   ) 안에 방에 있는 물건 이름을 쓰세요. (☞정답 p.158)

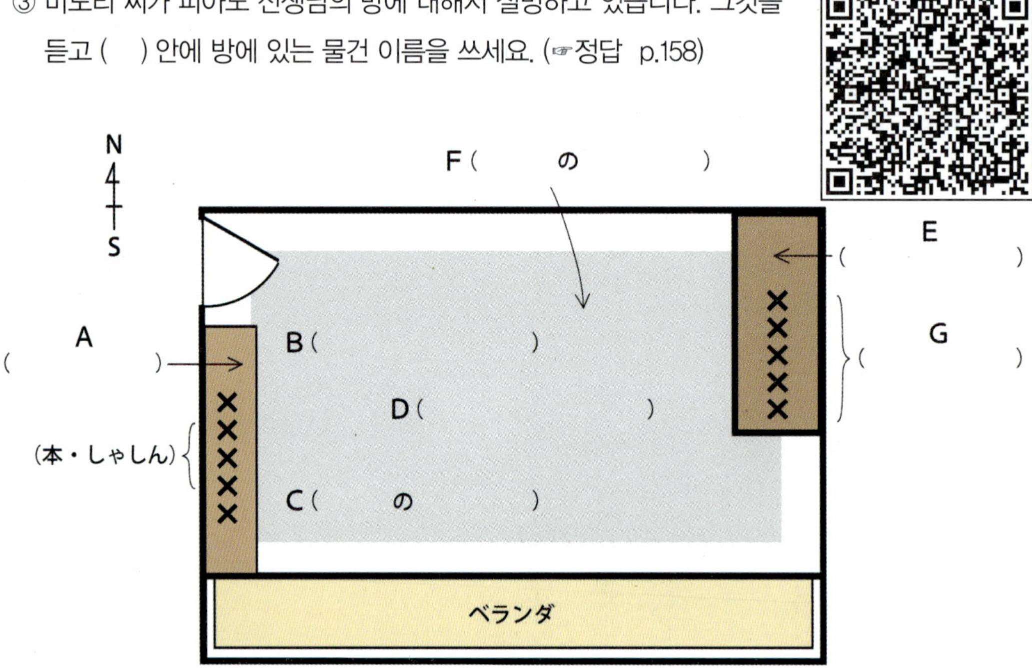

연습 5　우선 눈을 감고 대화를 들어 주세요. 그 다음에 대화를 한번 더 들으면서 가타카나 단어만 쓰세요.

39 A.　겨울철 스킨케어에 대한 아침 텔레비전 방송 （☞정답　p.159）

要約（ようやく）シート

① 朝（あさ）起（お）きたら、洗顔（せんがん）（　　　　　　　）で顔（かお）を洗（わら）う。（　　　　　　　）などを

使（つか）って、（　　　　　　　）に洗（わら）う。

②（　　　　　　　）の入（はい）った（　　　　　　　）をぬる。

③ 乳液（にゅうえき）をぬって１分（ぶん）ぐらいしてから（　　　　　　　）をぬる。

④ いつもの（　　　　　　　）をする。

⑤ 口（くち）べにをつける前（まえ）に（　　　　　　　）をぬったほうがいい。

40 B.　테이블 매너에 대한 이야기 （☞정답　p.159）

要約（ようやく）シート

①（　　　　　　　）は （a. 首（くび）からかける　　　b. ひざの上（うえ）に置（お）く）。

②（　　　　　　　）を飲（の）むときは、イギリス式（しき）では、（　　　　　　　）を

手前（てまえ）から奥（おく）へ動（うご）かす。

③ イギリス式（しき）では、左手（ひだりて）の（　　　　　　　）を右手（みぎて）に持（も）ちかえてはいけない。

④ お皿（さら）に残（のこ）った（　　　　　　　）を（　　　　　　　）でふいて食（た）べ て も か

まわない。

⑤ イギリス式（しき）では、食（た）べ終（お）わったら（　　　　　　　）と（　　　　　　　）

をお皿（さら）の上（うえ）にたてに置（お）く。

⑥（　　　　　　　）式（しき）は、自由（じゆう）なほうである。

⑦（　　　　　　　）式（しき）は、非常（ひじょう）に自由（じゆう）である。

要約シート

① 日本では、1973年、（　　　　　　　　　　）供給に占める石油の割合が７７パーセントと（　　　　　　　）に達した。

② ２度の（　　　　　　　　　）を経験してから、天然（　　　　　　　　　）や原子力などの利用を広げたが、現在でも石油が最も大きな（　　　　　　　）を占めている。

③ 石油を生産できない日本は、輸入しなければ、現在の生活（　　　　　　　　　）を維持することはできない。

④ だから、新しい（　　　　　　　　　）資源の開発が必要である。

⑤ （　　　　　　　　）の温度調節、公共の乗り物の使用など、一人ひとりの節約も大切である。

⑥ 私たちが豊かで文化的な生活を続けられるように、限りある（　　　　　　　　　）資源を大切にしよう。

연습 6 직접 스피치를 해 봅시다. 스피치를 위한 글을 쓰세요.

A. ～를 만드는 법

다음 예시를 참고로 하여, 여러분 나라의 요리를 만드는 법을 설명하세요.

ミルクプリンの作り方

① 粉ゼラチンは、水につけておきます。

② いちごソースの材料をよく混ぜておきます。

③ さっき水につけたゼラチンに、さとうと牛乳200ミリリットルを加えて、あたためます。ゼラチンがとけるまで煮ます。

④ カップに入れて、冷蔵庫で1時間ぐらい冷やします。

⑤ プリンが固まったら、カップからガラスのお皿に移します。いちごソースをかけて、できあがりです。

B. 내가 좋아하는 것과 싫어하는 것

다음 어휘 그룹(50음순)의 단어를 참고로 하여, 스피치를 위한 글을 써 봅시다.

■スピーチのテーマ〜「私の好きなファッション・嫌いなファッション」

STEP
05

가타카나어를
사용해 글을
써 보자!

STEP | 05

가타카나어를 사용해 글을 써 보자!

여기에서는 가타카나 단어를 사용하여 글을 쓰는 연습을 합니다. 단어의 의미나 사용법을 잘 생각해서 글을 쓰세요.

1. 자기소개 쓰기

연습 1 '자기소개 시트 A'에 자신의 이야기를 적어 주세요. 가타카나 단어를 올바르게 썼는지 사전으로 체크해 봅시다. ⑧은 '좋아하는 ○○'를 스스로 생각하여 써 보세요.

自己紹介シートA

① 名前 : ＿＿＿＿＿＿＿＿＿＿＿＿＿＿＿ (알파벳 또는 한자로)

　読み : ＿＿＿＿＿＿＿＿＿＿＿＿＿＿ (가타카나)

② 出身国 : ＿＿＿＿＿＿＿＿＿＿＿＿＿

*②~⑧은 가타카나 또는 한자로. 한자의 경우는 읽는 법을 가타카나로 쓸 것.

③ 出身地 : ＿＿＿＿＿＿＿＿＿＿＿＿

④ 好きなスポーツ : ＿＿＿＿＿＿＿＿＿＿

⑤ 好きな音楽 : ＿＿＿＿＿＿＿＿＿＿

⑥ よく見るテレビ番組の種類 : ＿＿＿＿＿＿＿＿

⑦ 尊敬する人・好きな人 (有名な人に限る) : ＿＿＿＿＿＿＿

⑧ 好きな＿＿＿＿＿＿＿ : ＿＿＿＿＿＿＿＿＿

참고예　④ スポーツ：ランニング（ジョギング）、ゴルフ、ボーリング　など

　　　　⑤ 音楽：ジャズ、クラシック、（アメリカの）ポップス　など

　　　　⑥ テレビ：ドラマ、アニメ、クイズ、バラエティー、ドキュメンタリー　など

연습 2 '자기소개 시트'에 적은 것 중 몇 개를 골라 아래의 예처럼 자기소개 글을 써 보세요.

> 私の名前は　キム・ユソン　です。　　ユソン　と呼んでください。
> 　　韓国のソウル　出身です。
> 好きな　スポーツ　は、　　バスケットボール　です。
> また、私が尊敬する人は　ウォルト・ディズニー　です。
> どうぞよろしく。

이 곳에 써 봅시다.

自己紹介シートB

____

____

____

____

____

____

2. 어드바이스 쓰기

연습 '건강한 생활을 하기 위해서는 어떻게 하면 좋은가'를 생각해 보고, 어드바이스를 짧은 문장으로 써 보세요.

※아래의 가타카나 단어를 가능한 한 많이 쓰도록 하세요.

> ストレス、ダイエット、スポーツ、バランス、サプリメント、ヘルシー、カロリー、ウォーキング、ジョギング、リラックス、ゲーム、タバコ、ビタミン、コーヒー、ジュース、インターネット、アルコール

元気で健康な生活をするためのアドバイス

例）ゲームをやりすぎない。

-
-
-
-
-
-
-

3. 의견 쓰기

연습 좋은 리더란 어떤 사람일까요? 또 어떤 것에 신경을 쓰고, 어떤 것을 해야 할까요? '리더에게 요구되는 것'이라는 주제로 짧은 문장을 써 보세요.

※아래의 가타카나 단어를 가능한 한 많이 쓰도록 하세요(하나의 문장에 반드시 한 개 이상의 가타카나 단어를 쓸 것).

グループ、メンバー、チーム、チームワーク、リーダーシップ、スケジュール、サポート、ディスカッション、ミーティング、チャレンジ、プラン、コントロール、コミュニケーション、リスク、マネージメント、モチベーション、アイデア、エネルギー、プラス、マイナス、アドバイス

リーダーに求められること

例）ミーティングでメンバーの意見をよく聞く。

-
-
-
-
-
-
-

4. 안내메일 쓰기

연습 이번 달 25일은 친구인 마리아 씨의 생일이라, 모두 모여서 축하해 주려고 합니다. 메일로 보내는 안내글을 쓰세요. 다같이 뭔가 선물을 하려고 하니, 몇 가지 안을 제시하고 다른 사람들의 의견도 물어보세요. 또, 장소나 요리에 대해서도 자유롭게 생각해서 써 보세요.

※가능한 한 가타카나어를 많이 쓰도록 하세요.

件名 :

本文 :

5. 설명 쓰기

연습 다음의 ①이나 ② 중 하나의 주제를 정하여 글을 써 보세요.

※아래의 가타카나 단어를 가능한 한 많이 쓰도록 하세요.

① '나의 컴퓨터 이용 방법'

주의 공부·조사·오락·커뮤니케이션 등의 목적으로 나누어, 무엇을 어떻게 사용하고 있는 지를 구체적으로 쓰세요.

② '휴대전화로 더욱 편리하게'

주의 단지 전화를 할 때만 휴대전화를 사용하는 사람에게 휴대전화의 다른 여러 가지 편리 한 사용법에 대해 설명하세요.

> E メール、インターネット、ホームページ、サイト、ウェブ、ゲーム、ソフト、ニュース、ブログ、アクセス、オンライン、ファイル、メモリー、ワープロ、データ、アドレス、ダウンロード、スキャン、カメラ、メッセージ、アラーム、スケジュール、インストール、コピー、リスト、ワード、エクセル、ネット、レポート

☞ p.82와 p.83에 있는 노트를 이용하세요.

タイトル：

タイトル：

☞정답 p.160

1 다음 로마자 음은 가타카나로 어떻게 쓸까요? a, b 중에서 올바른 쪽에 ○표를 하세요.

① so　　　a. ン　　　　b. ソ
② wa　　　a. ワ　　　　b. ク
③ su　　　a. ス　　　　b. ヌ

42 **2** 가타카나어가 포함된 문장을 듣고, 그 가타카나어를 바르게 표기한 것을 골라 ○표를 하세요.

① a. トレーニック　　　b. トレーニング
② a. ユロップ　　　　b. ヨーロッパ
③ a. サポート　　　　b. サボット

3 문장의 내용에 맞도록 a, b 중에서 올바른 것에 ○표를 하세요.

① 土曜日と日曜日は、スーパーで（**a.** キャンセル　**b.** アルバイト）をしています。

② 彼は会社を（**a.** リタイア　**b.** リセット）したあと、もう一度大学に入って勉強している。

③ ウーロン茶とバナナジュースを（**a.** ミックス　**b.** マーク）すると、おいしいそうです。

④ 今、世界経済に再び、（**a.** ダイナミックな　**b.** ダイエットな）変化が起ころうとしている。

⑤ あの書店には（**a.** アカデミックな　**b.** アットホームな）本が多く、漫画や小説はあまりない。

⑥ A：二人で弾いているとは思えない。
　　B：うん。（**a.** パワフルな　**b.** デラックスな）演奏だね。

⑦ A：この道路、ずいぶんでこぼこしているね。
　　B：オリンピックに間に合うように（**a.** スピード　**b.** 急ピッチ）で作った道路だからね。

43 **4** CD를 듣고, （　）에 들어갈 가타카나어를 쓰세요.

① 〈デパートで〉
　　A：あのう、上りの（　　　　　　　）、どこですか。

B：申し訳ございませんが、（　　　　　　　　）のお客様には、

（　　　　　　　　　　）のご利用をお願いしております。

A：そうですか。わかりました。

44 ②〈動物園で〉

A：あっ、見て！　あの（　　　　　　　　　）、何か食べてる。

B：うん。でも、あれは（　　　　　　　）じゃなくて、（　　　　　　　　）だよ。

A：ほんとだ、間違えちゃった。ねえ、つぎは（　　　　　　　）を見に行か

ない？

B：うん、いいよ。

45 ③〈電話で〉

A：はい、セブンセブンです。

B：あのー、そちらで（　　　　　　　　）をしたいんですが。

A：そうですか。（　　　　　　　）で働いたことはありますか。

B：ないんですけど、（　　　　　　　）でなら、働いたことがあります。

46 ④　A：ねえ。この（　　　　　　　）、見て。

B：これ？……へえ、（　　　　　　　）大会があるんだね。

A：この辺が（　　　　　　）になるのは珍しいよね。見に来ようか。

5　다음 문장을 읽고,（　　）에 들어갈 가타카나어를 a〜f에서 하나씩 고르세요.

ABC食品株式会社では、一般事務 ①（　　　　　　　　）を募集中！

★ お仕事は簡単な ②（　　　　　　　　）入力です。

エクセルできる方、歓迎します。未経験の方もOK。

★ あなたの ③（　　　　　　　）に合わせて働けます。

午前中のみ勤務、午後勤務も可能です。

★ 能力や経験で時給が ④（　　　　　　　）する可能性あり。

a. アップ　　b. スタッフ　　c. ライフスタイル

d. ファッシ　　e. データ　　f. ビジネス

☞정답 p.160

1 다음 로마자 음은 가타카나로 어떻게 쓸까요? a, b 중에서 올바른 쪽에 ○표를 하세요.

① te　　　a. テ　　　　　　b. ラ
② tsu　　　a. シ　　　　　　b. ツ
③ wa　　　a. ウ　　　　　　b. ワ

47 **2** 가타카나어가 포함된 문장을 듣고, 그 가타카나어를 바르게 표기한 것을 골라 ○표를 하세요.

① 　a. ストーリー　　　　　b. スットーリ
② 　a. アルバム　　　　　　b. アルパーム
③ 　a. コントロール　　　　b. コンドロール

3 문장의 내용에 맞도록 a, b 중에서 올바른 것에 ○표를 하세요.

① この部屋には、ピアノを置く（**a.** スペース　**b.** スピード）がありません。

② お隣の娘さんは、毎日バイオリンの教室に通って、（**a.** サービス　**b.** レッスン）を受けているらしい。

③ 仕事だけじゃなく、音楽を聴いたり絵をかいたりして、もっと生活を（**a.** エンジョイ　**b.** チェック）しないと。

④ 客：この牛肉、500グラムください。
　店員：ありがとうございます。（はかりにのせる……）
　　　　あっ、10グラム（**a.** カバー　**b.** オーバー）してしまいましたが、いいですか。
　客：ええ、いいですよ。

⑤ A：結婚してほしいときは、何て言ったらいいのかなあ……。
　B：そうねえ、「結婚してください」って（**a.** ストレートに　**b.** ラフに）言ったら？

⑥ A：あそこのクリーニング店、ときどき料金を間違えるのよ。
　　（**a.** ポイント　**b.** クレーム）をつけるのもいやだし、どうしたらいい？
　B：あっちがミスするなら、こっちも払う金額をわざと間違えればいいんじゃない？

⑦ A：あの二人だと、どんなコーヒーカップが合うかなあ。
　B：そうだなあ。白くて、絵とか描いてない、（**a.** ゴージャスな　**b.** シンプ

ルな）のがいいと思うけど。これはどう？

A：それはだめよ、高いから。予算（ **a.** オーバー　**b.** カット）。

4 CDを 듣고, （　　）에 들어갈 가타카나어를 쓰세요.

48 ① 〈知人の会話〉

A：明日の（　　　　　　　　）、会場はどこですか。

B：市民（　　　　　　　　）です。先月、一緒に行ったところです。

A：ああ、あそこですか。あそこは（　　　　　　　　）がよくて、便利ですね。

49 ② 〈大学のテニスサークルで〉

A：いま配った（　　　　　　　　）を見てください。来月の練習の

（　　　　　　　　）はいつもと違うので、注意してください。

B：へー、場所も違うんだ。

A：あっ、そうなんです。大学の（　　　　　　　　）、来月は使えないんですよ。

50 ③ 〈ホテルで〉

A：この（　　　　　　　　）、こわれてるのかなあ。全然動かないよ。

B：当たり前じゃない。それ、テレビの（　　　　　　　　）よ。

51 ④ A：この部屋で（　　　　　　　　）を使いたいんだけど、いい？

B：いいけど、ここには（　　　　　　　　）が１つしかないよ。

A：大丈夫、大丈夫。（　　　　　　）がなくても（　　　　　　）が充電してあるから。

5 다음 문장을 읽고, （　　）에 들어갈 가타카나어를 a〜f에서 하나씩 고르세요.

---

a. リベンジ　　b. リサイクル　　c. イメージ

d. ペットボトル　　e. キーワード　　f. プラスチック

近年、限りある資源を大切にするために、ごみを資源として再生する
①（　　　　　　　　）が行われている。たとえば、ジュースなどが入っていた
②（　　　　　　　　）やシャンプーなどが入っていた ③（　　　　　　　　）容器など
は、分別して出すと、それが処理されて、服や文房具などの製品になる。再利用
するリユース、ごみをできるだけ少なくするリデュースと合わせて、3Rという
④（　　　　　　　　）になっている。

1 다음 로마자 음은 가타카나로 어떻게 쓸까요? a, b 중에서 올바른 쪽에 ○표
를 하세요.

① sa　　　　a. せ　　　　　b. サ
② ra　　　　a. ラ　　　　　b. う
③ mi　　　　a. 三　　　　　b. ミ

52 **2** 가타카나어가 포함된 문장을 듣고, 그 가타카나어를 바르게 표기한 것을 골라
○표를 하세요.

① a. コンディション　　　　b. コーディッション
② a. チャネル　　　　　　　b. チャンネル
③ a. メッセジ　　　　　　　b. メッセージ

3 문장의 내용에 맞도록 a, b 중에서 올바른 것에 ○표를 하세요.

① この実験は一人ではできないので（**a.** プラス　**b.** ペア）を組んでください。

② A：来月のキャンプ、テントはどうするんですか。
　　B：買うと高いから、（**a.** レンタル　**b.** レッスン）します。

③ 明日はあまり時間がないから、買うものを（**a.** ギブアップ　**b.** リストアッ
　プ）しておきましょう。

④ A：最近、何か面白い本を読みましたか。
　　B：いえ。仕事がずっと忙しくて、（**a.** プライベートな　**b.** カジュアルな）時
　　　間がほとんど持てないんです。

⑤ 夫：そろそろ店の経営を太郎に（**a.** バトンタッチ　**b.** ワンタッチ）しよう。
　　妻：そうね、太郎ももうすぐ40歳になるし。私たちは海外旅行や温泉に行っ
　　　たりして、自由な時間を（**a.** アドバイス　**b.** エンジョイ）しましょう。

⑥ A：この店はどう？　お店の主人がギターが上手で、リクエストにこたえた
　　　り、客と一緒に歌ったりするらしいよ。
　　B：へえ、そういう（**a.** アットホームな　**b.** プライベートな）雰囲気、いいね。

⑦ A：昨日の雨でグランドの（**a.** コンテスト　**b.** コンディション）はかなり悪
　　　いね。
　　B：うん。でも、試合は予定通り10時（**a.** ジャスト　**b.** セット）に始まるん
　　　でしょ？

4 CD를 듣고, (　)에 들어갈 가타카나어를 쓰세요.

53 ① 〈レストランで〉

店員：いらっしゃいませ。ご注文をどうぞ。

客：（　　　　　　　　）を1つ。あ、（　　　　　　　　）でお願いします。

店員：（　　　　　　　　）は、何になさいますか。

客：ええと、じゃあ、（　　　　　　　　）。

店員：かしこまりました。

54 ② 〈会社で：先輩社員と後輩社員の会話〉

A：忙しそうだね。（　　　　　　　　）の準備？

B：そうなんです。資料が多くて（　　　　　　　　）が間に合わないかも……。

A：手伝うよ。これを（　　　　　　）で留めればいい？

B：すみません、助かります。

55 ③ 〈夫婦の会話〉

妻：最近、どんな（　　　　　　　　）がはやってるか知ってる？

夫：うーん、知らないなあ。

妻：あのね、食べたものを全部（　　　　　　）するのがはやってるんだって。

夫：へー、そうなんだ。でも、また一時的な（　　　　　　）で終わっちゃうんじゃない？

56 ④ 〈ラジオの番組で〉

A：みなさん、こんばんは。今日の（　　　　　　　　）は、山川しょうごさんです。山川さんは大学を卒業して、最初から（　　　　　　　　）の仕事をされていたんですか。

B：いえ、最初は普通の（　　　　　　　　）だったんです。

5 다음 문장을 읽고, (　)에 들어갈 가타카나어를 a～f에서 하나씩 고르세요.

携帯電話を小学生の子供に持たせる親が増えているそうだ。
たしかに、携帯電話を子供に持たせれば、連絡をとるのに便利である。しかし、良い点ばかりとはいえない。一日に何十回も友達とメールをしてしまう、有害なサイトに ①（　　　）してしまう、人の悪口を書いて ②（　　　）を招いてしまう、などの ③（　　　）も見られる。携帯電話を持たせる前に、親子で使い方の ④（　　　）を決めることが大切だろう。

- -

a. ルール　　b. スケジュール　　c. トラブル　　d. サービス

e. アクセス　　f. ケース　　g. ネット

이럴 때 가타카나를 사용한다 _ 외국어와 관계가 없는 경우

일본인은 생활 속에서 많은 가타카나를 사용합니다. 외국어가 근원이 되는 가타카나어 뿐만 아니라 보통 한자나 히라가나로 쓰는 것도 때때로 가타카나로 쓴답니다.

다음 문장은 도쿄에 있는 회사에서 일하기 시작한 사쿠라 씨가 고향 친구에게 받은 메일입니다.
이 안에서 가타카나가 어떻게 쓰였는지 봅시다.

元気？そっちの生活はどう？
さくらが東京へ行っちゃって、サビシイよ〜。
ケータイがこわれちゃって、電話もできないし。
だから、今日はパソコンからメールするね。

* 彼氏、できた？
実はワタシ、彼氏ができたの！……っていうのは、ウソ！
私、はじめて会う男の人と、うまく話せないから。
ドキドキしちゃって、ダメなんだ。
さくらは明るいし、お酒もイケるし、合コンも OK だよね。いいなあ。

新しいケータイを買ったら電話するね。
さくらの話が楽しみ！じゃあ、またね。

여기에서 사용되는 가타카나는 순서대로 다음 10개입니다.

① サビシイ　② ケータイ　③ パソコン　④ メール　⑤ ワタシ
⑥ ウソ　　　⑦ ドキドキ　⑧ ダメ　　　⑨ イケる　⑩ 合コン

①외롭다　②휴대폰　③컴퓨터　④메일　⑤나　⑥거짓말　⑦두근두근　⑧안돼　⑨잘하다　⑩단체미팅

이 중에서 외국어가 근원이 되는 가타카나어는 「③パソコン」「④メール」「⑩合コン」 3 개뿐입니다. 그럼, 그 밖의 7개는 왜 가타카나로 쓴 것일까요?

실은, 가타카나를 사용함으로 한자나 히라가나로는 표현할 수 없는 느낌을 전달하고 있는 것입니다. 이와 같은 가타카나는 격식을 차리지 않는 구어체 문장에 자주 사용되죠.

외국어와 관계없는 말에 가타카나를 사용하는 것은 다음과 같은 경우입니다.

● **彼氏** 남자친구

1) 특별한 의미나 기분을 나타낸다 → ①⑤⑥⑧

「①サビシイ」「⑤ワタシ」「⑥ウソ」「⑧ダメ」는 한자나 히라가나로도 쓸 수 있는 말이지만, 일부러 가타카나를 쓰고 있습니다. 가타카나를 씀으로써 심각해지는 것을 피해 가볍게 표현하거나 강조, 또는 특별한 의미나 기분을 담을 수 있기 때문입니다. '보통 의미, 보통 사용법과는 약간 다릅니다'라는 메시지를 보내는 가타카나인 것입니다.

더구나 「ウソ」「ダメ」등은 보통 사용할 때도 자주 가타카나로 씁니다. 한자 「嘘」「駄目」는 획수가 많아 쓰기 어렵기 때문이죠.

2) 의성어 · 의태어로 사용한다 → ⑦

같은 음을 반복하여 소리나 모습을 나타내는 말을 의성어 · 의태어라고 합니다. 의성어 · 의태어는 주로 가타카나를 사용해서 쓰는 경우가 많습니다. ⑦의 「ドキドキ」는 '긴장과 흥분으로 심장 소리가 들리는 것 같다'는 의미랍니다.

3) 지금까지와 다른 새로운 의미나 사용법을 나타낸다 → ②⑨

②는 물론 휴대전화를 말합니다. 많은 사람들이 널리 사용하게 된 '휴대전화'를 좀더 짧고 말하기 쉽게, 쓰기 쉽게 표현하고자 「ケータイ」라는 사용법이 퍼진 것 같습니다.

⑨「お酒もイケる」는 '술도 좋아하고, 많이 마실 수 있다'는 의미입니다. 원래 의미는 「行ける」이지만 의미가 많이 바뀌었죠 . 가타카나로 쓰는 「イケる」는 '맛있다' '잘한다'의 의미로도 사용합니다 ('이 요리는 상당히 맛있네' '그는 골프도 상당히 잘한다').

이들은 원래의 말에서 새로운 의미나 용법이 생겨나 일반적으로 가타카나로 쓰게 된 것입니다. 이와 같은 말은 그다지 많지 않답니다.

4) 속어로 사용한다

속어는 주로 가타카나로 씁니다. 예를 들면 ⑨와 닮은 「イケてる」입니다. 이것은 '멋있다'는 의미로, 젊은 사람들이 자주 「その服、イケてる (그 옷 멋있네)」와 같이 사용합니다. 「イケメン」은 이 말에서 생긴 것으로 「イケてる men/ 面」, 결국 '멋있는 남자'라는 의미입니다.

이렇게 가타카나는 외국어와 관계없이 사용되는 경우가 있습니다. 1)은 무언가 특별한 의미나 기분을 담고 싶을 때의 사용법이므로 여러 가지 말에 사용할 수 있습니다. 2)3)4)는 가타카나어의 일종입니다. 2)3)4) 에 대해 다른 예를 들어 설명해 보겠습니다.

분류	가타가나어	예문 (원래말)
의성어 의태어	**イライラ** 초조하다 **ペコペコ** 매우 배가 고프다 **ドキドキ** 두근두근	30分待ってもバスが来なくて、<u>イライラ</u>した。 30 분 기다려도 버스가 오지 않아서 초조했다. 朝ごはんを食べなかったから、おなかが<u>ペコペコ</u>だ。 아침밥을 안 먹어서 너무 배가 고프다. 大勢の前で話すときには、いつも<u>ドキドキ</u>する。 많은 사람 앞에서 말할 때는 항상 두근두근거린다.
새로운 의미나 사용법	**キレる** 난폭하게 **チラシ** 전단 **ケータイ** 휴대폰	彼は、悪口を言われるとすぐに<u>キレる</u>。【切れる】 그는 욕을 들으면 금방 흥분해 난폭하게 된다. 新聞の<u>チラシ</u>を見て、バーゲンに行った。【散らし】 신문 전단을 보고 바겐세일에 갔다. あとで<u>ケータイ</u>にメールしてね。【携帯電話】 나중에 휴대폰에 메일 보내.
속어	**マジ** 정말 **イケてる** 멋있다(죽여준 다) **イケメン** 멋있는 남자	それ、本当？ <u>マジ</u>？【真面目】 그거 확실해? 정말? その服、<u>イケてる</u>ね。【行けている】 그 옷 멋있다(죽여준다). 彼は<u>イケメン</u>だ。【イケてる men/面】 그는 멋있는 남자다.

카테고리별 단어집

각 step에서 배운
가타카나어

食べ物・食器 음식, 식기

アイスクリーム ice cream 아이스크림

アイスコーヒー ice coffee 아이스커피

アップル apple 사과

アルコール alcohol 알콜
・当分の間、アルコールは控えるようにと、医者に言われた。

イタリアン Italian (cuisine) 이탈리아 요리
・新しくできたイタリアンに行かない？
・今日は久しぶりにイタリアンが食べたい気分です。

インスタント食品 instant food product 인스턴트 식품
・インスタント食品ばかり食べていると、体によくない。

ウイスキー whisky 위스키

エスプレッソ espresso 에스프레소

オリーブオイル olive oil 올리브오일

オレンジ orange 오렌지

ガーリック garlic 갈릭 / 마늘

カクテル cocktail 칵테일

カップ cup 컵

カフェイン caffein(e) 카페인

ガム chewing gum 껌

カレー curry 카레

カレーライス curried rice 카레라이스

キャベツ cabbage 양배추

キャンディー candy 캔디

クッキー cookie 쿠키

グラス glass 유리컵

クリーム cream 크림

グルメ gourmet 미식가
・彼はグルメだから、おいしい店をいっぱい知っている。

グレープ grape 포도

ケーキ cake 케이크

ケチャップ ketchup 케첩

コース [料理] set menu 코스 [요리]
・12 月 24 日は、コースメニューのみとなります。

コーヒー coffee 커피

コーヒーカップ coffee cup 커피잔

コーラ cola 콜라

ココア cocoa 코코아

コップ glass 유리컵

サンドイッチ sandwich 샌드위치

ジャム jam 잼

ジュース juice 주스

シュガーレス sugarless 슈가리스 / 무가당

スイーツ sweets 달콤한것
・5 月号では、最近人気のスイーツのお店を紹介します。

スープ soup 스프

ステーキ steak 스테이크

ストロベリー strawberry 딸기

スパイス spice 스파이스

スパゲティー spaghetti 스파게티

スプーン spoon 스푼

スポーツドリンク sports drink 스포츠드링크

セルフサービス self-service 셀프서비스
・ここはセルフサービスだから、食器を持っていかないと。

ソース source 소스

ソーセージ sausage 소시지

ソーダ soda 소다

ソフトクリーム soft-serve ice cream 소프트아이스크림

チーズ cheese 치즈

チキン chicken 치킨

チョコ(レート) chocolate 초콜릿

ツナ tuna 참치

ティー tea 티 / 차
・「ご注文は何になさいますか」「えーっと、ホットティー」

ティータイム   tea time 티타임

テイクアウト   takeout 테이크아웃

・テイクアウトして、家で食べよう。

ディナー   dinner 디너

・ランチは安いけど、ディナーは結構高いね。

デザート   dessert 디저트

トースト   toast 토스트

ドーナツ   doughnut 도넛

トマト   tomato 토마토

ドリンク   drink 드링크 / 음료

・ドリンクのメニューはあるけど、料理のがない。

トレイ   tray 쟁반

ナイフ   knife 나이프

ナプキン   napkin 냅킨

ノンカフェイン   non-caffein(e) 무카페인

バーベキュー   barbecue 바비큐

バイキング   biking 뷔페

・バイキングもいいけど、そんなに食べられないと思う。

パイナップル   pineapple 파인애플

バゲット   baguette 바게트

パスタ   pasta 파스타

バター   butter 버터

バナナ   banana 바나나

パン   bread 빵

ハンバーグ   Salisbury steak 햄버그스테이크

ハンバーガー   hamburger 햄버거

ピーチ   peach 복숭아

ビーフ   beef 소고기

ビール   beer 맥주

ピザ   pizza 피자

ビスケット   flat cookie or biscuit 비스킷

フォーク   fork 포크

フライドポテト   french fries 감자튀김

フライパン   frying pan 프라이팬

フルーツ   fruit 과일

ベジタリアン   vegetarian 채식주의자

ペットボトル   plastic (PET) bottle 페트병

・空になったペットボトルは、ここに捨ててください。

ポーク   polk 돼지고기

ポテト   potato 포테이토

ボリューム   volume 볼륨 / 양

・運動するなら、もっとボリュームのあるものを食べたら？

マグカップ   mug 머그컵

マーマレード   marmalade 마멀레이드

マヨネーズ   mayonnaise 마요네즈

ミネラルウォーター   mineral water 미네랄 워터

ミルク   milk 밀크

ミルクティー   tea with milk 밀크티

メニュー   menu 메뉴

メロン   melon 멜론

ヨーグルト   yogurt 요구르트

ラーメン   라면

ライス   rice 라이스

・ここはライスおかわり自由だから、男性に人気がある。

ラストオーダー   last order 라스트오더

・ラストオーダーが9時半で、閉店が10時だって。

ランチ   lunch 런치

レモン   lemon 레몬

ワイン   wine 와인

ワイングラス   wine glass 와인글래스

家・家具・家庭用品 집, 가구, 가정용품

CD プレーヤー   CD player CD 플레이어

インターホン   interphone 인터폰

・着いたら、インターホンで呼び出してください。

インテリア   interior 인테리어

・値段だけじゃなく、インテリアに合わせて買わないと、失敗する。

エアコン   air conditioner 에어컨

オーブンレンジ   Microwave oven 오븐렌지

カーテン   curtain 커튼

カーペット　carpet　카펫

カイロ　heating pad　휴대용 난로

カレンダー　calendar　달력

キッチン　kitchen　부엌

キッチンペーパー　kitchen paper　키친타월

クーラー　air conditioner　냉방장치

クローゼット　closet　옷장이나 옷을 두는 곳

コンロ　stove　스토브 / 난로
・電気コンロは火がないから、うっかり消し忘れそう。ガスコンロのほうがいいかなあ。

シーツ　bedsheet　(침대) 시트

シャンプー　shampoo　샴푸

ストーブ　stove　스토브 / 난로

スリッパ　slippers　슬리퍼

ソファー　sofa　소파

ダイニングルーム　dining room　식당

タオル　towel　수건

ティッシュペーパー　tissue paper　티슈

テーブル　table　테이블

テレビ　television　텔레비전

電気スタンド　desk lamp　전기 스탠드

電子レンジ　microwave oven　전자레인지

トイレットペーパー　toilet paper　화장실용 휴지

ドライヤー　drier　드라이어

バケツ　bucket　양동이

バスルーム　bathroom　욕실

ハンガー　hanger　옷걸이

ビデオ　video　비디오

ベッド　bed　침대

ベランダ　veranda　베란다

ポット　pot, jar　포트
・ポットのお湯がなくなりそうです。

マッチ　match　성냥

ラジオ　radio　라디오

リビング　living　거실
・私以外はみんな、リビングでテレビを見ていた。

リンス　hair rinse　린스

服・くつ・かばん　옷, 구두, 가방 

Ｔシャツ　T-shirt　Ｔ 셔츠

Ｙシャツ（ワイシャツ）　dress shirt　와이셔츠

アクセサリー　accessories　액세서리

イヤリング　earrings　귀걸이

ウエスト　waistline　허리
・この体操をすれば、ウエストが細くなるらしい。

エプロン　apron　앞치마

カーディガン　cardigan　카디건

カジュアル　casual　캐쥬얼

キャミソール　camisole　캐미솔

コート　coat　코트

コンタクトレンズ　contact lens　콘택트렌즈

サイズ　size　사이즈
・「サイズはおいくつですか」「Ｍ（サイズ）です」

サングラス　sunglasses　선글라스

サンダル　sandals　샌들

ジーパン　jeans　청바지

ジーンズ　jeans　청바지

ジッパー（チャック　ファスナー）　zipper　지퍼

ジャケット　jacket　재킷

シャツ　shirt　셔츠

ショートパンツ　pair of shorts　짧은 바지

ショートヘアー　short haircut　쇼트 헤어

スーツ　suit　정장
・「面接に着て行くスーツはある？」「はい、１着あります」

スーツケース　suitcase　슈트케이스 / 여행가방

スカート　skirt　스커트

スカーフ　scarf　스카프

ストッキング　stockings　스타킹

スニーカー　sneakers　운동화

ズボン　pair of trousers　바지
・雨の中、土の道を歩いて来たから、ズボンが汚れた。

セーター　sweater　스웨터

ソックス　socks　양말

タイツ　tights　타이츠

タンクトップ　tank top　탱크톱

チャック（ジッパー　ファスナー）　fastener　지퍼

トレーナー　sweatshirt　트레이너 / 운동복

ドレス　dress　드레스
・結婚式に着て行くドレスがなくて、困っています。

ネクタイ　necktie　넥타이

パーマ　permanent waveperm　파마
・今の髪型に飽きてきたので、今度、パーマをかけます。

ハイヒール　high heels　하이힐

パジャマ　pajamas　파자마 / 잠옷

バッグ　bag　백 / 가방

ハンカチ　handkerchief　손수건

パンツ　pants　바지 / 팬티
　＊「ズボン」과「下着」두 가지 의미를 가짐

ピアス　earrings for pierced ears　피어스 / 귀걸이

ピン　pin　핀

ファスナー（ジッパー　チャック）　fastener　지퍼

ファッション　fashion　패션
・この雑誌を見れば、最近流行のファッションがわかる。

ブーツ　boots　부츠

フォーマル　formal　포멀(정장)

ブラウス　blouse　블라우스

ブラジャー　brassiere　브래지어

ヘルメット　helmet　헬멧

ポケット　pocket　포켓 / 주머니

ボタン　button　버튼 / 단추

マスク　mask　마스크

マフラー　scarf　머플러

ミニスカート　miniskirt　미니스커트

ミュール　mule　뮬 / 발목 끈이 없는 샌들

リュック（リュックサック）　rucksack　배낭

レインコート　raincoat　레인코트

ロングスカート　long skirt　롱스커트

ワイシャツ（Ｙシャツ）　dress shirt　와이셔츠

ワンピース　dress　원피스

文具・事務用品　문구, 사무용품　D

アルバム　album　앨범

インク　ink　잉크
・そろそろインクが切れるかもしれない。

カッター　cutter　커터

ガムテープ　packing tape　테이프 / 포장 테이프

キャビネ　cabinet　캐비닛

クリップ　clip　클립

消しゴム　eraser　지우개

コピー用紙　copy paper　복사용지

シャーペン（シャープペンシル）　mechanical pencil　샤프펜

シュレッダー　shredder　파쇄기
・これ、個人情報が入っているから、シュレッダーにかけて。

セロテープ　Scotch tape　셀로판 테이프

段ボール　cardboard　판지 / 골판지

チョーク　chalk　초크 / 분필

ノート　notebook　노트

ペン　pen　펜

ペンキ　paint　페인트

ボールペン　ballpoint pen　볼펜

ポストイット　Post-it note　포스트잇

ホッチキス　stapler　호치키스

ホワイトボード　white board　화이트보드

マーカー　marker　마커

メモ　memo, memorandum　메모
・では、番号を言いますので、メモしていただけますか。

ロッカー　locker　로커

乗り物・交通　탈것, 교통　E

オートバイ　motorbike　오토바이

ガソリンスタンド　gas station　주유소

シートベルト　seat belt　안전벨트

ジェット機　jet plane　제트기

スピード　speed　스피드

タクシー　taxi　택시

タンカー　tanker　대형선박

トラック　truck　트럭

バイク　motorbike　바이크

バス　bus　버스

パトカー　police car　경찰차

ブレーキ　brake　브레이크

ヘリコプター　helicopter　헬리콥터

ボート　boat　보트

ホーム　platform　플랫폼

・京都行きの急行は何番ホームですか。

モノレール　monorail　모노레일

ヨット　yacht　요트

ラッシュ　rush hour　러시아워

・朝はラッシュを避けて、少し遅めに家を出ています。

ルート　route　루트

・会場へは、どういうルートで行くのが一番速いですか。

建物・店・設備

アパート　apartment　아파트

エスカレーター　escalator　에스컬레이터

エレベーター　elevator　엘리베이터

カウンター　counter　카운터

・テーブル席はいっぱいだけど、カウンター（席）なら、空い
ている。

ガソリンスタンド　gas station　주유소

カフェ　cafe　카페

キャンパス　campus　캠퍼스

・A大学には3つキャンパスがあるから、場所を間違わないよ
うに。

グラウンド　athletic field　그라운드 / 운동장

クリーニング店　cleaning shop　세탁소

コインランドリー　coin laundry　코인론드리

コーナー　corner　코너

・無料の相談コーナーもあるから、行ってみたら？

コンセント　electric outlet　콘센트

コンビニ（コンビニエンス・ストア）　convenience
store　편의점

シャッター　shutter　셔터

・「そろそろ閉店かも」「ほんとだ。シャッターが閉まってる」

スタジオ　studio　스튜디오

ダム　dam　댐

タワー　tower　타워

テニスコート　tennis court　테니스코트

デパート　department store　백화점

テラス　terrace　테라스

テント　tent　텐트

ドア　door　도어 / 문

トイレ　rest room　화장실

ドラッグストア　drugstore　약국

ビル　building　빌딩

ファーストフード店　fast food shop　패스트푸드점

ブース　booth　부스

・今回の見本市で一番目立っているのが、A社のブースだ。

プール　pool　풀장

プレイガイド　ticket agency　발권창구 , 매표 대행소

・チケット買うの？ だったら、Mビルの1階にプレイガイド
があるよ。

フロア　floor　플로어

・このフロアにはトイレはないみたい。もう一つ上の階に行こう。

フロント　front desk　프런트

ベンチ　bench　벤치

ホール　hall　홀

・地下ホールでジャズの演奏をやってるよ。見に行ってみな
い？

ポスト　post　우체통

ホテル　hotel　호텔

マンション　apartment (house) 맨션

ラウンジ　lounge 라운지

・2階にラウンジがあるから、お茶を買って、そこでちょっと休もう。

レジ　cash register 카운터

・買おうとしたけど、レジにたくさん人が並んでいたので、やめた。

ロビー　lobby 로비

・1階のロビーで待っていてください。いすもありますから。

機械・道具・部品 기계, 도구, 부품

アラーム　alarm 알람

・この目覚まし時計、アラームの音がちょっとうるさい。

イヤホン　earphone 이어폰

エンジン　engine 엔진

・寒さのせいで、エンジンがかかりにくくなっている。

カバー　cover 커버

・汚れるといやなので、本にはいつもカバーをつけています。

カメラ　camera 카메라

クラクション　car horn 클랙션

ケース　case 케이스

・使ったら、ケースに戻しておいてください。

ケーブル　cable 케이블

・「工事してるの？」「電話用のケーブルを地下に通すらしい」

コード　code 코드

・そこ、コードがあるから、足をひっかけないように気をつけて。

コピー（機）　copier 복사기

・すみません、コピー（機）の使い方を教えてもらえませんか。

サイレン　siren 사이렌

・さっきからサイレンが鳴ってるね。どこかこの近くみたい。

シャワー　shower 샤워

スイッチ　switch 스위치

スピーカー　speaker 스피커

タイマー　timer 타이머

・タイマーをセットして、あとは待つだけ。

タイヤ　tire 타이어

ダイヤル　dial 다이얼

チャイム　chime 차임 / 초인종

チャンネル　channel 채널

・ちょっとニュースが見たいんですが、チャンネル回してもいいですか。

ディスク　disk 디스크

・ディスクを入れるケースがない。ここに置いてあったの、見なかった？

ディスプレイ　display 디스플레이

デジカメ（デジタルカメラ）　digital camera 디지털카메라

ドライバー　driver 드라이버

トランク　trunk 트렁크

・スーツケースは、トランクに入れてもらいましょう。

ノイズ　noise 노이즈

・このパソコンでCDを聴くと、変なノイズが出るんです。

ノブ　knob 손잡이

ハンガー　hanger 옷걸이

・コートはハンガーにかけるから、こっちに渡して。

ハンドル　steering wheel 핸들

ヒーター　heater 히터

ピストル　pistol 피스톨

ファックス（ファクス）　fax (faximile) 팩스

フィルム　film 필름

ブザー　buzzer 부저

ブラシ　brush 브러시

フラッシュ　flash 플래시

・ちょっと暗くなってきたから、フラッシュをたいたほうがいい。

プリンター　printer 프린터

ヘッドホン　headphone 헤드폰

ベル　bell 벨

ベルト　belt 벨트

ホース　hose 호스

ボタン　button 버튼

ボックス　box 박스

ポリ袋　plastic bag 비닐봉투

ボリューム [音]　volume 볼륨 [소리]

・テレビのボリュームを少し下げてくれない？

マイク　mike (microphone) 마이크

マウス　computer mouse 마우스

ミシン　sewing machine 미싱

ミラー　mirror 미러

ライト　light 라이트

リモコン　remote control 리모콘

レバー　lever 레버

レンズ　lens 렌즈

アルミ　aluminum 알루미늄

・アルミ缶とスチール缶は、分けて出してください。

ウール　wool 울

エネルギー　energy 에너지

・運動の前には、ご飯がいいよ。すぐエネルギーになるから。

オイル　oil 오일

ガス　gas 가스

・ガス、つけっぱなしになってない？ちゃんと止めた？

ガソリン　gasoline 가솔린

ガラス　glass 유리

コットン　cotton 면

ゴム　rubber 고무

コンクリート　concrete 콘크리트

・コンクリートの壁がずっと続いて、中はよく見えません。

シルク　silk 실크

スチール　steel 스틸

・自分の部屋に置くなら、スチールの棚より木の棚のほうがいい。

ダイヤ（ダイヤモンド）　diamond 다이아몬드

ナイロン　nylon 나일론

・このかばんはナイロン製だから、濡れても大丈夫です。

パワー　power 파워

・日本チームは技術はあるけど、スピードとパワーが足りない。

ビニール　vinyl 비닐

・あ、雨だ。しょうがない、コンビニでビニール傘を買おう。

プラスチック　plastic 플라스틱

・これはプラスチックでできてるから、落としても割れません。

ペーパー　paper 종이

アクセス　access 엑세스 / 접근

・新しい職場は、駅から 2 分。アクセスがいいから、助かるよ。

・ネットにアクセスできないときは、電話で相談してください。

アドレス　address 주소

アナウンス　announcement 아나운스 / 방송

・電車が遅れていることを、いま駅のアナウンスで知りました。

アナログ　analogue 아날로그

・試験の時は、デジタル時計よりアナログ時計のほうがいいよ。数字だけだと、残りの時間がわかりにくいから。

・ぼくはアナログ人間だから、パソコンとかケータイとかは得意じゃないんです。

アンテナ　antenna 안테나

・情報が大事だからね。いろいろなところにアンテナを張ったほうがいいよ。

イルミネーション　illumination 일루미네이션 / 전광장식

・クリスマスの時期になると、この辺りはたくさんのイルミネーションで飾られて、昼のように明るくなります。

インストール　install 설치

・ソフトをインストールすれば、このパソコンでも使えますよ。

インターネット（ネット）　Internet, net 인터넷

インフォメーション　information 안내 (데스크)

・店が何階にあるか、インフォメーションで聞いてみましょう。

インフレ　inflation 인플레이션

ウェブ（ウエブ）　Web 웹

・パソコンをよく使う人は、テレビや新聞よりも、ウェブでニュースを見ることが多いようです。

エアメール　airmail 항공우편

エクセル　Excel 엑셀

エレクトロニクス　electronics 일렉트로닉스
・車や飛行機にも、エレクトロニクス分野の技術がたくさん使われています。

オートメーション　automation 오토메이션 / 자동화
・この工場でもオートメーション化が進み、これまで 10 人必要だった仕事が、二人でできるようになった。

オンライン　online 온라인
・オンライン・ショッピングを利用すれば、いつでも、どこでも買い物ができて便利です。

カード　card 카드 , 신용카드
・いま現金がないので、ここはカードで払（はら）います。
・カードに 10 ケタの番号が書いてあるはずです。

キーボード　keyboard 키보드

キャッシュ　cash 캐시 / 현금
・支払（しはら）いはいつもキャッシュなんですか。

キャッシュカード　debit card 현금카드

グーグル　Google 구글

グラフ　graph 그래프
・これは、男女の割合（わりあい）をグラフで示したものです。

クリック　click 클릭
・この赤くなっているところをクリックしてください。

クレジットカード　신용카드

コード [番号]　code number 코드 [번호]
・受験票（じゅけんひょう）に学校のコード番号（きごう）を記入してください。コード番号は下のコード表に書いてあります。

コピー　copy 복사
・なくすと困るから、一応（いちおう）、コピーをとっておきましょう。

コンテンツ　contents 콘텐츠
・デザインも大切ですが、一番重要なのはコンテンツです。
・この電子辞書には、英英辞書（えいえい）やテスト問題など、英語学習に役立（やくだ）つコンテンツがいろいろ入っている。

コンピューター　computer 컴퓨터

サービス　service 서비스
・この店はサービスがいいから、また来よう。
・ホテルやレストランなどのサービス産業では、マナー教育がとても重要です。

・10 個買ったら、1 個サービスしてくれた。
・番組では、いま話題の新しい商品やサービスを紹介します。

サイト　site 사이트
・アクセス数（すう） NO. 1 の人気サイトを紹介します。
・このサイトを利用される前に、注意点をよくお読みください。

システム　system 시스템
・この在庫管理（ざいこかんり）システムのおかげで、商品（しょうひん）の流れが速く、正確につかめるようになった。

シンクタンク　think tank 싱크 탱크 / 두뇌 집단
・世界経済（けいざい）に関するシンクタンクの予測（よそく）は、どれもあまり明るいものではない。

スキャン　scan 스캔

ソフト（ソフトウェア）　software 소프트 (웨어)
・コンピューター・ソフトの開発（かいはつ）には、時間とお金がかかる。
・おいには、ゲームソフトをプレゼントすることにしました。

ダウンロード　download 다운로드
・資料は、当社のサイトからダウンロードしてください。

チケット　ticket 티켓

チャージ　charge 충전
・「このカードにチャージしたいんですが」「IC カードへのチャージですね。あちらの機械をご利用ください」

データ　data 데이터
・レポートを書くために、いま、必要なデータを集めています。
・データをグラフにまとめて、私のパソコンに送ってください。

テクニック　technique 테크닉
・風景写真（ふうけい）をきれいに撮（と）るテクニックを教えてください。
・彼は足も速いし、ボールを扱（あつか）うテクニックもすばらしい。あとは経験ですね。

テクノロジー　technology 테크놀로지
・新しいテクノロジーは、さまざまなビジネスチャンスを生む。

デジタル　digital 디지털
・色や形、文字なども、デジタル情報（じょうほう）で表すことができる。

デフレ　deflation 디플레이션

ニュース　news 뉴스
・ただの交通事故じゃ、ニュースにならないよ。

ネット（インターネット）　Net, Internet 인터넷
・ネットで注文（ちゅうもん）すると、早ければ 2 〜 3 日で配達（はいたつ）してもらえる。

・ネットを利用した新しいビジネスが、次々に生まれている。

ネットワーク　network　네트워크

・彼は、家族や親せき、大学時代の友人や仕事関係など、あらゆるネットワークを使って、協力者を集めた。

ノウハウ　know-how　노하우

・この本には、ビジネスで成功するノウハウがわかりやすく書かれている。

・コンビニには、よく売れるように商品を並べるノウハウがある。

バーコード　bar code　바코드

バージョン　version　버전

・「3.0⁉ ちょっと古いバージョンだね。早く 5.0 にバージョンアップしたほうがいいよ。そんなに高いソフトじゃないし」

バイオ（バイオテクノロジー）　biotechnology　바이오테크놀로지

・バイオ技術を使って、ゴミからエネルギーを作ることができます。

ハイテク　high-tech　하이테크

・情報・コンピューター・バイオテクノロジーなどのハイテク産業の市場は、ますます拡大している。

パスワード　password　패스워드

パソコン　personal computer　개인용컴퓨터

ファイル　file　파일

・昨日送ったファイル、ちゃんと開けましたか。
・学校関係の書類はまとめてファイルしてあります。

フォルダー　folder　폴더

・放っておくとファイルがどんどん増えるので、月ごとにフォルダーを作って、分けています。

フリーズ　freeze　컴퓨터가 멈춤

・そのパソコン、ときどきフリーズするから気をつけて。

ブログ　blog　블로그

ホームページ　homepage　홈페이지

・会社のホームページに地図がのってるんじゃない？

マーケティング　marketing　마케팅

・商品開発の第一歩はマーケティングです。市場が何を求めているか、まず、それを知ることです。

マスコミ　mass communication　매스컴

・この事件について、マスコミはあまり取り上げていない。

ミサイル　missile　미사일

メール（E メール、電子メール）　E-mail　메일

メディア　media　미디어

・テレビや新聞などのマスメディアは、大衆の意識や行動に大きな影響を与えてきた。

・「メディアは、いつもどういうものを使ってますか」「音楽関係は CD とか DVD で、仕事関係は USB メモリーです」

メモリー（メモリ）　memory　메모리

・メモリーが不足しているからか、パソコンの動きが遅い。

ライブ　live　라이브

・「この試合、ライブ？」「いや、ライブじゃないよ。だって、外はもう暗いでしょ」

・「Z のライブに行ったんだって？」「そう。初めて行った。やっぱり生で見ると、全然違うよ！」

リサイクル　recycling　리사이클

・こういう家電製品もリサイクルできるんでしょ？

リスト　list　리스트

・ここは、雑誌で見たおすすめの店のリストにのっていました。

レジャー　leisure　레저

・週末には、ハイキングやスポーツなどのレジャーを楽しむため、たくさんの人がここを訪れる。

ロケット　rocket　로켓

ロボット　robot　로봇

ワード　word　워드

ワープロ　word processor　워드프로세서

（な）形容詞　な형용사　

アットホーム　homey, domesticated　가정적임

・この店のアットホームな雰囲気が好きです。

オーソドックス　orthodox　오서독스 / 정통파

・面接にはオーソドックスなスーツで行ったほうがいい。

オーバー　exceed, excessive　오버

・ちょっと間違っただけなのに、オーバーに笑われた。

カジュアル　casual　캐쥬얼

・その会には、カジュアルな格好で行ってもいいんですか。

クリエイティブ　creative　크리에이티브
・大きな会社に就職するよりも、何かクリエイティブな仕事をしたい。

グローバル　global　글로벌
・自分たちの利益ばかりでなく、グローバルな視点で考え、行動するようにしてほしい。

ゴージャス　gorgeous　고저스 / 아주멋진
・私もいつか、こんなゴージャスなホテルに泊まってみたい。

コミカル　comical　코미컬 / 재미있는
・この映画のように、彼はコミカルな役も得意です。

コンスタント　constant　콘스턴트 / 한결같음
・「この車はどうです？　売れてますか」「ええ、おかげさまで。毎月コンスタントに売れています」

コンパクト　compact　콤팩트
・このいすは、コンパクトに折りたたむことができます。
・これだと、小さいバッグには入らないんです。もう少しコンパクトなのはないですか。

シック　chic　시크 / 세련된 모양
・この部屋には、シックな色のカーテンが合う。

シャープ　sharp　샤프함

シンプル　simple　간단함
・ここは、絵とか模様とかなくて、シンプルなほうがいい。

スペシャル　special　스페셜
・この店は、結婚記念日とかスペシャルな日に、よく使います。
・この番組、今日は 100 回記念スペシャルで、いつもより 1 時間長いらしい。

スマート　smart　스마트
・映画のようにスマートに、女性と食事や会話を楽しみたい。
・妹は、ダイエットの効果で、だいぶスマートになった。

スムーズ　smooth　스무드 / 원활함
・計画は何の問題もなく、スムーズに進んでいます。

スリム　slim　슬림
・夏になったら、この服が着られるよう、スリムになりたい。

セクシー　sexy　섹시

ソフト　soft　소프트
・あんなふうに怒らないで、もう少しソフトに言ってほしい。

タイト　tight　타이트

・タイトなスケジュールだけど、しめきりに間に合うよう、みんなでがんばろう。
・「今週中に直してほしいんですが……」「今週中？　ずいぶんタイトですね」

ダイナミック　dynamic　다이내믹
・「彼女、知ってる？」「ジャズ・ピアニストでしょ。小さい体に似合わず、ダイナミックな演奏をするよね」

ダイレクト　direct　다이렉트
・この短いメッセージからも、彼らの気持ちがダイレクトに伝わってくる。
・人と企業をダイレクトにつなぐことで、お互いに、ほしい情報をすぐに得ることができる。

チャーミング　charming　차밍
・鈴木さんは、笑顔がとてもチャーミングな女性ですね。

デリケート　delicate　섬세함, 예민함
・これは外交にかかわるとてもデリケートな問題なので、政府もすぐには答えが出せないようだ。
・鈴木さんはデリケートだから、このことを聞くと、ショックで病気になるかもしれない。

トータル　total　토털
・試験の結果だけでなく、これまでの活動や面接の内容なども含め、トータルに評価して、合格・不合格を決めます。

ドライ　dry　드라이 / 현실적·사무적
・私はドライな性格なので、長電話などはしません。

トラディショナル　traditional　트래디셔널 / 전통적
・「欧州屋」は、ヨーロッパのトラディショナルな家具を輸入する店です。

ナチュラル　natural　내추럴
・人工的な匂いではなく、自然を感じるナチュラルな香りです。

ナンセンス　nonsense　넌센스
・誰も社長に反対できないのに、また形だけの会議……。ほんと、ナンセンスだと思う。

ネガティブ　negative　부정적
・そんなネガティブなことばかり言わないで、もうちょっとプラスの面も見たら？

ノーマル　normal　노멀
・経済不況が戦争によって解決できるというのは、とてもノーマルな考え方とはいえない。

ハード hard 하드 / 고된, 힘듦

・少しくらいハードでも、お金のいい仕事がいい。

パワフル powerful 파워풀

・この女の人、子供を3人育てながら会社を経営して、しかもダンスの先生だって。パワフルな人。

ハンサム handsome 핸섬

・確かに彼はハンサムだけど、話が面白くなさそう。

プライベート private 개인적

・これはプライベートな問題だから、会社に言う必要はない。

フェア fair 페어

・あの人も同じミスをしているのに、私だけ注意されるなんて、フェアじゃないと思う。
・フェアな判定をしてもらわないと、選手がかわいそうだ。

フォーマル formal 포멀(정장)

・明日の式には、フォーマルな服装で来るように言われた。

ベスト best 베스트

・ベストな状態で試合ができるよう、よく休んでおくように。
・ほかにもいろいろな可能性があったと思いますが、今後のことや家族のことを考えると、これがベストな選択だと思います。

ベター better 베터 / 보다 나음

・社員をリストラするより、働く時間を少なくして給料を下げるほうがベターな方法だと思う。

ポジティブ positive 긍정적

・「明日の面接、落ちたらどうしよう？」「落ちることを心配するより、面接を楽しんでくれば？ ポジティブに考えたほうがいいよ」

マイルド mild 마일드

・コーヒーにミルクを入れれば味がマイルドになるけど、コーヒーの本当の味はなくなるね。

モダン modern 모던

・へー、部屋の壁は白で、家具は全部黒。モダンな感じだね。

ラフ rough 러프 / 거칠고 성김

・これは大体のことをかいたラフな図で、これからここに、細かいことを加えていきます。
・学生は、Tシャツにジーンズ、といったラフな格好が多い。

リッチ rich 리치

・「この人、夏はプール付きの別荘で2カ月過ごすんだって」

「いいなあ。私も、そういうリッチな暮らしをしてみたい」
・宝くじで1億円があたればリッチになれるのになあ。

ルーズ loose 루스 / 칠칠치 못함

・彼はルーズな性格で、借りたものなかなか返さない。

ロマンチック romantic 로맨틱

・「夏の夜、二人で星を見ている時に、『結婚しよう』って言われたの」「わあー、ロマンチック！」

ワイド wide 와이드

・このごろのバスや電車の窓はワイドなので、景色が見やすい。

ワイルド wild 와일드

・「彼女、ワイルドな男性が好きなの？ じゃ、石原君よ。いつもバイクに乗っていて、山とか海とか大好きだからね」「そうね。ひげも似合ってるし」

色・形・状態・性質 색깔, 모양, 상태, 성질　K

アップ up 업

・夜型から朝型の勉強スタイルに変えたら、成績アップした。
・大企業の中でも、給料がアップしているところもあれば、ダウンしているところもある。

アンチ anti 안티

・私はいつも弱い側を応援したいんです。だから、アンチ東京ライオンズです。

イメージチェンジ try to change one's (public) image 이미지체인지

インテリ intellectual 인텔리

・めがねをかけたら、少しインテリっぽく見えて、いいかもしれない。

インパクト impact 임팩트

・この広告ではインパクトが弱い。もっと人の注意を引いて、強い印象を与えるものでないと。
・セールスマンとして成功するには、相手にインパクトを与える話し方を身に付ける必要がある。

エラー（する） error 에러

・1塁ウッズのエラーで、中日は惜しくもヤクルトに敗れた。
・ぼくがエラーをしたために、チームがまた負けてしまった。

オーケー okay 오케이

オフ off 오프

・使い終わったら、必ずスイッチをオフにしてください。

・オフの日は、よく近くのプールに行きます。

オープン（する） open 오픈

・店は 10 時オープンだから、そろそろ行ったほうがいい。

オリジナル original 오리지널

・何かこの店だけのオリジナルのメニューがほしい。

オン on 온

・パソコンの電源は、いつもオンにしてあります。

カップル couple 커플

・景がきれいなこの場所には、たくさんのカップルが訪れる。

カプセル capsule 캡슐

・この青いカプセルは、熱を下げるお薬です。

カラー color 컬러

キーワード key word 키워드

・環境問題を考えるとき、キーワードの一つになるのが「二酸化炭素」です。

ギャップ gap 갭

・若い人たちと話していて、ときどきギャップを感じることがあります。仕事に対する考え方とか家族のこととか。

クオリティ（クオリティー） quality 퀄리티

・安いだけではだめです。クオリティの高いものでなければ、お客さんは満足してくれませんから。

クリーム cream 크림

グリーン green 그린

グレー gray 그레이

ケースバイケース case-by-case 케이스바이케이스 / 그때그때의 경우에 따라 처리함

・「日本では男の人がいつもごちそうするんですか」
「女の人が年上のときは女の人がごちそうするときもあるし、ケースバイケースですね」

コントラスト contrast 콘트라스트

・赤い夕日と黒い山のコントラストがきれいだね。

サイクル cycle 사이클

・あの画家は 1 年に 1 回のサイクルで展覧会を開いている。

ジャスト just 저스트 / 꼭

ジャンル genre 장르

・どんなジャンルの本をよく読みますか。

シンボル symbol 심볼

・ハトは平和のシンボルといわれているけど、普通にけんかもするらしい。

ストライプ stripe 스트라이프 / 줄무늬

ストレート straight 스트레이트 / 직선적

・悩まないで、自分の気持ちをストレートに言ってみたら？

スロー slow 슬로우

センス sense 센스

・私がプレゼント係？ いいんですか。全然センスないですよ。

ダーク dark 다크

タイプ type 타입 / 이상형

・「どんなタイプの男性が好きですか」「話が面白い人です」

ダウン down 다운

・不景気で給料がダウンしたので、車を買うのをやめました。

ダメージ damage 대미지 / 타격

・今回の石油の値上げで、A社は大きなダメージを受けた。

テープ tape 테이프

テンション tension 텐션 / 정신적인 긴장·불안

・この曲を聴くと気分がよくなって、テンションが上がるんです。

トラブル trouble 트러블

・仕事でトラブルが起きて、週末は休めませんでした。

・システムにトラブルがあったみたいで、しばらくの間、ATM が使えないらしい。

ニュアンス nuance 뉘앙스

・外国語で細かいニュアンスを伝えるのは、とても難しい。

・この色は白でもなく、シルバーでもない、独特なニュアンスのある色ですね。

ネック bottleneck 난관, 장애

・気に入ったけど、値段が高いのがネックで、迷っています。

ハードル hurdle 허들

・住民が求めた安全基準は、市長にとって、高いハードルになっている。

パターン pattern 패턴

・1 月には「今年は毎日運動しよう」と思うのですが、2 月まで続きません。私の毎年のパターンです。

・ケーキ作りの失敗には、①量を間違える、②混ぜ方を失敗する、③焼く温度を間違える、という３つのパターンがある。

パニック　panic 패닉

・子供が事故にあったと聞いて、彼女はパニックになった。

バラエティー　variety 버라이어티

・CD には 25 曲入っていて、ジャズ、ポップス、クラシックと、
バラエティーに富んでいる。

バランス　balance 밸런스

・健康のため、栄養のバランスを考えて食べましょう。

・自転車に重い荷物をのせるときは、左右のバランスをうまく
とるようにしてね。

パンク　blow out 펑크

ヒット　hit 히트

・この曲は、世界中で大ヒットした。

ピンク　pink 핑크

ピンチ　pinch, emergency 위기

・いま、ちょっとピンチなんだけど、助けてくれない？

フィーリング　feeling 필링

・彼とは、初めて会った時からフィーリングが合いました。

ブーム　boom 붐

・外国で作られたドラマが、日本でブームになりました。

プライバシー　privacy 프라이버시

・プライバシーがちゃんと守られるのか、心配だ。

ブラック　black 블랙

フリー　free 프리

・明日はお寺を見学したあと、みんなでお昼を食べて、午後は
5 時までフリー、という予定です。

・ABC テレビの人気アナウンサー・石井さくらは、同局を退
社し、フリーになった。

・「局」는 여기서는 '방송국' 을 의미 (참고：郵便局, 放送局)。

フル　full 풀

ブルー　blue 블루

フレッシュ　fresh 프레시

・フレッシュな気持ちで新しい年を迎えたい。

ペア　pair 페어

・今回は中村さんとペアを組むことになった。

ベージュ　beige 베이지

ベース　base 베이스

・このソースは、しょうゆをベースに、いくつかのスパイスを
使って作りました。

ベストセラー　best-seller, best-selling 베스트셀러

ポイント　point 포인트

・きれいに洗濯をするためのポイントを３つ挙げます。

・このカードで買い物をすると、ポイントがつきます。

ホワイト　white 화이트

マンネリ　rut 매너리즘 / 천편일률

・昨日もデートしたけど，最近ちょっとマンネリぎみなんです。

ムード　mood 무드

・せっかく彼女といいムードだったのに、会社から電話がか
かってきた。

モデル　model 모델

・京都の街は、中国の都をモデルにつくられた。

モノクロ　monochrome (black and white) 흑백

・モノクロの写真には、カラーの写真とは違う味わいがある。

ユーモア　humour 유머

・明るくて、ユーモアのある福田さんは、みんなの人気者です。

ランキング　ranking 랭킹

・人気ホテルのランキングを見ると、M ホテルは 15 位だった。

リスク　risk 리스크

リミット　limit 리밋 / 한도

・もう、ほんとに時間がないから、7 時がリミットです。

ルックス　looks 용모

・あの人はルックスはいいけど、仕事はあまりできません。

レギュラー　regular 레귤러

・野球部に入ったけど、レギュラーになるのは難しそうです。

・森先生は、クイズ番組のレギュラーとして毎週テレビに出て
いる。

レッド　red 레드

レベル　level 레벨

ワンパターン　monotonous 원패턴

・社長の話はワンパターンで、いつも同じことのくり返しだ。

アイコン icon 아이콘

アルファベット alphabet 알파벳

イコール [＝] equal 이퀄

・結局、彼の場合、お金と幸せがイコールなんだと思う。

イニシャル initial 이니셜

・イニシャルが「I.S.」？ じゃ、鈴木さんだ。下は一郎だから。

インデックス index 인덱스

カテゴリー category 카테고리

カンマ [，] comma 콤마

キロ [kg/km] kilo[kilogram, kilometer]
킬로그램, 킬로미터

グラム [g] gramme 그램

ケース case 케이스

・あと5ケース、ここに運んでください。

コラム column 칼럼

・新聞のコラムで、この本が紹介されていました。

コロン [：] colon 콜론

シングル single 싱글

・明日の1泊で、シングルの部屋をお願いしたいんですが
……。

スペル spelling 스펠링

セット set 세트

・専用ケースとセットで買うと1割引きだったので、2セット
買いました。

ゼロ zero 제로

・日本が勝つこともあり得ます。可能性はゼロではありません。

センチ [cm] centimeter 센티미터

タイトル title 타이틀

・レポートには、どういうタイトルをつけますか。

ツイン twin 트윈

・ツインのお部屋なら、ご用意できますが……。

テーマ theme 테마

ドキュメンタリー documentary 다큐멘터리

ドリル [学習] exercise 드릴 [학습]

ドル [＄] dollar 달러

トン [t] ton 톤

パーセント [％] percent 퍼센트

ハーフ half 반, 중간

・ハーフサイズでも十分な量ですね。

パズル puzzle 퍼즐

パック package 팩

・午後、お客さんが来るから、いちごを2パック買いましょう。

ピリオド [．] period 피리어드

プラス [＋] plus 플러스

・予算の中に、交通費もプラスしてください。

・彼女にとって、今回の経験は大いにプラスになったようだ。

ページ [p/pp] page 페이지

ペース pace 페이스

・時間があまりないのに、なかなかペースが上がらない。

ポイント point 포인트

・今回は、安さを一番のポイントにして、決めました。

マイナス [－] minus 마이너스

・不景気のため、初めて給料がマイナスになった。

・彼のけがは、チームにとって大きなマイナスだ。

ミニ mini 미니

メートル [m] meter 미터

ユーロ Euro 유로

リットル [l] liter 리터

レベル level 레벨

・毎日練習をしているので、少しはレベルが上がったと思う。

ローマ字 Roman alphabet 로마자

ワット [w] watt 와트

オールナイト all-nighter 올나이트

オフ off 오프

ゴールデンウィーク Golden Week holidays 골든위크

シーズン season 시즌

・もうすぐ花見のシーズンですね。

スケジュール schedule 스케줄
・スケジュールが決まったら、早めに知らせてください。

スタート start 스타트
・スタートが遅かったので、スケジュールが厳しくなりました。

スロー slow 슬로우

タイミング timing 타이밍
・何事もタイミングが大事。いま言わないで、いつ言うの？

タイムリミット time limit, deadline 타임리밋
・もう少し待ちますけど、明日の5時がタイムリミットです。
それ以上は無理です。

チャンス chance 찬스
・まだあきらめることはない。チャンスは必ずやって来る。

ナイト night 나이트
ピーク peak 피크
モーニング morning 모닝

場所・位置 장소, 위치 

アングル angle 앵글
・このアングルから見る富士山は、とてもきれいです。

エリア area 에어리어 / 지역
・公園に近いこのエリアは、おしゃれな店も多く、人気が
ある。

コース course 코스

ゴール goal 골

スタート start 스타트

ステージ stage 스테이지
・ステージに近い席だったので、演奏している人もよく見えた。

スペース space 스페이스
・こんな大きいソファーを買っても、置くスペースがない。

スポット spot 스폿
・おすすめの観光スポットがあれば、教えてください。

センター center 센터
・このテーブルは、部屋のだいたいセンターに置いてください。

・日本研究のセンターとして、ここには日本に関するさまざま
な資料や情報が集められている。

タウン town 타운

トップ top 톱
・いまトップを走っているのは、田中選手です。
・5年後には、この分野のトップになるつもりです。

ビーチ beach 비치

リゾート resort 리조트
・ここに来ると、ちょっとしたリゾート気分を味わえる。

動作・行為・活動・イベント①（する）
동작, 행위, 활동, 이벤트① (〜 하다)

アウトプット（する） output 아웃풋
・企業が人や金、物を使うのは、売上や利益といったアウトプッ
トを得るためです。

・外国語学習には、インプットとアウトプットの両方が必要で
す。新しいことを習ったら、それを使って練習する。それを
続けましょう。

アドバイス（する） advice 어드바이스
・面接で何を話したらいいか、先輩がアドバイスしてく
れた。

アピール（する） appeal 어필
・市長選挙は石原前市長と新人の森氏による争いとなり、石原
前市長は経験を、森氏は若さをアピールした。

・面接では、「この会社で働きたい」という気持ちをアピールし
たほうがいい。

アプローチ（する） approach 어프로치 / 접근
・解決が困難な問題の場合は、視点を変え、いろいろな
アプローチをしてみてください。

アレンジ（する） arrangement 어레인지 / 편곡, 재배치
・これはモーツァルトの曲をアレンジして、バイオリンの練習
曲にしたものです。
・ここは家具が少なくてさびしいから、花や絵を飾って楽しい
部屋にアレンジしよう。

アンケート（する） questionnaire 앙케이트
・すみません、アンケートにご協力いただけませんか。

インタビュー（する） interview 인터뷰
・その雑誌に、村上春樹のインタビュー記事がのっていた。

インプット（する） input 인풋
・これはすごく大切なことだから、忘れないよう、よく頭にイ

・ンプットしておいてください。

ウォーミングアップ(する) warming-up 워밍업

・では練習に入る前に、軽くウォーミングアップをしましょう。

エキサイト(する) excite 익사이트

・昨日、カラオケでエキサイトしすぎて、マイクを壊してしまった。

エンジョイ(する) enjoy 엔조이

ガード(する) guard 호위

ガイド(する) guide 가이드

・昨日は一日、石井さんが京都の街をガイドしてくれました。

カット(する) cut 커트

・前髪は3センチくらいカットしました。

・さくらと駅員の会話の場面はカットしよう。

カンニング(する) cheating 컨닝

カンパ(する) donation 모금

・交通事故で入院したサム君のために、みんなで入院費用をカンパすることにしました。

キープ(する) keep 키프 / 확보 , 유지

・ダイエットに成功して45キロになったけど、この状態をキープするのも大変だ。

・「これも捨てる?」「うーん、とりあえずキープしておいて」

キス(する) kiss 키스

キャッチ(する) catch 캐치

・彼は情報をキャッチするのが速いから、そのことはもう知っていると思う。

キャンセル(する) cancellation 캔슬

・残念ですが、予約していたホテルはキャンセルしました。

クリア(する) clear 클리어

・うまくいかない?じゃ、一度全部クリアして、最初からやったほうがいいよ。

・この問題をクリアしないと、先に進めない。

クローズアップ(する) close-up 클로즈업

・この番組では、外国人が活躍しているさまざまな仕事を紹介します。第1回目は、看護師にクローズアップします。

ケア(する) care 케어

・林さんが慣れるまで、いろいろケアしてあげてくださいね。

・毎日のケアで、肌はきれいになります。

ゲット(する)[俗] get 손에 넣음

・くじに当たれば、10万円ゲットできるんだって。

合コン(する) group blind date 미팅

コーディネート(する) coordinate 코디네이터

・壁の色に合わせて、家具やカーテンがうまくコーディネートされている。

コピー(する) copy 카피 / 복사

・これをそれぞれ10部ずつコピーしてもらえますか。

コメント(する) comment 코멘트

・彼女の発表について、部長は特にコメントをしなかった。

・中村さんのコメントは、短いけど、いつも面白い。

コレクション(する) collection 컬렉션

・今回展示されている絵は、すべて個人のコレクションだそうです。

コントロール(する) control 콘트롤

・部長は自分の感情をコントロールできないからね。すぐ怒る。

・ボーリングは苦手なんです。コントロールが悪くて、右に行ったり左に行ったりするんです。

コンパ(する) 친목회

サイン(する) sign, signature 사인

サポート(する) support 서포트

・周りがサポートしてくれるので、初めての方でも安心です。

シェア(する) share 셰어

・ピザを何種類か注文して、5人でシェアしませんか。

・冷蔵庫のシェアでは、ABC電気がずっとトップです。

ジャンプ(する) jump 점프

ショッピング(する) shopping 쇼핑

・休みの日は、友達とショッピングをしたり、映画を見に行ったりすることが多いです。

ストップ(する) stop 스톱

スピーチ(する) speech 스피치

・「部下の結婚式でお祝いのスピーチをするんだけど、一緒に考えてくれない?」「私たちの時の課長のスピーチと同じでいいんじゃない?」

・スピーチの内容は全部覚えていきましょう。メモを見ながら話すのは、あまりかっこよくないですから。

セーブ(する) save 세이브

・働きすぎは体に悪いから、少し仕事をセーブしたら？ゆっくり生活したほうがいいと思うけど……。
・体重を減らしたいときは、甘いものをセーブするだけじゃなく、運動もしたほうがいい。

セット(する) set 세트하다 / 맞추다

・目覚まし(時計)をセットし忘れてしまった。

チェック(する) check 체크

・間違いがないか、もう一度チェックしてください。

チェックアウト(する) check-out 체크아웃

チェックイン(する) check-in 체크인

ディスカッション(する) discussion 토론, 토의

・十分にディスカッションすることもなく、方針が決まった。

デート(する) date 데이트

・あの二人、今頃、デートしているかもしれない。

テスト(する) test 테스트

トライ(する) trial 시도

・このクイズ番組、全問正解すると100万円もらえるんだって。森さんなら、いけると思うんだけど。トライしてみない？

トレーニング(する) training 트레이닝

・まだまだ基本ができていない。もっとトレーニングしないと。

ドロップアウト(する) dropout 드롭아웃 / 탈락

・問題を起こした生徒の中には、学校に来なくなって、結局ドロップアウトしてしまう者もいる。

ノック(する) knock 노크

ハイジャック(する) hijacking 하이잭 / 항공기의 공중납치

バック(する) back 백 / 후진 / 배경

・もう少し車をバックさせたほうがいい。
・その桜の木をバックに写真を撮りましょう。

バッシング(する) bashing 심한 비난·공격

・医療ミスが続く中、医師や病院に対するバッシングが起きている。

バトンタッチ(する) handover 배턴터치 / 인계

・そろそろ若い世代にバトンタッチしようと思う。

ヒアリング(する) listening, hearing 히어링

フィット(する) fit 피트 / 몸에 딱 맞음

・この靴、足にフィットして、すごく歩きやすい。

フィードバック(する) feedback 피드백

・読者からのフィードバックを参考に、次の企画を考えます。

ブーイング(する) booing 부잉

・あまりひどい演奏だったので、客席からブーイングが起きた。

フォロー(する) follow 폴로 / 실수를 덮음

・私がうまくできなくても、部長がフォローしてくれたので、安心して仕事ができました。
・成績がよくない学生には、先生が勉強のしかたを教えるなどのフォローが必要だ。

プリント(する) print 프린트

・これから、プリントを2枚配ります。
・このプリンターは、デジカメにつないで、直接、写真をプリントすることができる。

プレゼン（プレゼンテーション）(する) presentation 프리젠테이션

・午後の会議で、新商品のプレゼンをする予定です。
・プレゼンがうまくいって、私の企画が通りました。

プログラム(する) program 프로그램

・プログラムを見ると、4曲目のあとに15分の休憩がある。
・このコンピューター実習では、まず、簡単なプログラムを書いてみることから始めます。

ペンディング(する) pending 펜딩 / 보류

・会議では、いろいろな意見が出たが、結局、結論はペンディングになった。

ボイコット(する) boycott 보이콧

・動物実験をくり返すＰ化粧品に対して、抗議団体が、商品のボイコットを始めた。

ポーズ(する) pose 포즈

・「じゃ、撮るよ。お父さん、もうちょっと笑って。ひろし、変なポーズはしなくていいから、まっすぐ立って」

ホームステイ(する) homestay 홈스테이

マッサージ(する) massage 마사지

マネージメント(する) management 매니지먼트

・課長になりたいけど、マネージメントする立場になったら、大変そうだなあ。スケジュールとかスタッフのこととかお金のこととか……。いろいろあるからね。

ミーティング(する) meeting 회의

・5時からのミーティングは、私も出たほうがいいですか。

ミス（する） mistake, error 미스 / 실수

・人間だから、たまにはミスすることもある。

メイク（する） makeup 메이크업

・毎朝、メイクにどれくらいの時間をかけていますか。

メモ（する） memo 메모

リード（する） lead 리드

・ただ今、中国が２対１で日本をリードしています。

・田中先生を中心とするK大学のチームが、この分野の研究を
リードしている。

・彼のリードでみんな声を合わせて歌った。

リクエスト（する） request 리퀘스트

・今週、リクエストが一番多かったのは、この曲です。

リサーチ（する） research 리서치

・実際、お年寄りがどんな点に困っているのか、もう少し細か
くリサーチする必要がある。

リストアップ（する） list up 리스트업

・見たい映画のタイトルをリストアップしてみた。

リタイア（する） retire 은퇴

・あの人も、もう年だから、いつリタイアしてもおかしくない。

レスポンス（する） response 응답

レス（する）［俗］

・高い金を払って広告を出したのに、レスポンスが全くない。

・田中さんにメールを送ったら、すぐレスが来た。

レッスン（する） lesson 레슨

・森先生のレッスンを受けるのは初めてなので、楽しみです。

レポート（する） report 리포트

動作・行為・活動・イベント②
동작 , 행위 , 활동 , 이벤트②

アポ（アポイント） appointment 약속, 예약

・「A社とのアポはとった？」「はい。１０日午後３時の訪問 に
なりました」

・今日これから？ 今日はだめだなあ。このあと、３時と５時
にアポが入ってる。

イニシアチブ initiative 주도권

・社長には以前のような力はなく、今はもう、息子がイニシア
チブを取っています。

イベント event 이벤트

・来週は、お祭りや講演会などイベントが多くて、忙しい。

ギフト gift 기프트

・「贈り物、何にする？」「選ぶのも大変だから、ギフト券にし
ない？ 自分で好きなものを選んでもらおう」

クーデター coup d'état 쿠데타

クラブ club 클럽

クリスマス Christmas 크리스마스

クリスマスツリー Christmas tree 크리스마스 트리

クレーム complaint 클레임

・店長は、店員の態度が悪い、とクレームを言われたそうだ。

・お客さんから、商品が届かないというクレームがあった。

コンクール concours 콩쿠르

・この絵は、今度のコンクールに出すつもりです。

コンテスト contest 콘테스트

・スピーチ・コンテストが行われる会場を知っていますか。

サークル club 서클

・ワイン好きが少し集まっただけで、小さいサークルです。

サミット summit 정상회담

ショー show 쇼

ジョーク joke 조크

・彼はいつもジョークばかり言っているけど、仕事はできる。

シンポジウム symposium 심포지엄

スクール school 스쿨

スト strike 스트라이크

セミナー seminar 세미나

ツアー tour 투어

ディスカッション discussion 토론 , 회의

デート date 데이트

テスト test 테스트

テロ terrorism 테러

トライ trial 시도

トレーニング training 트레이닝

ドロップアウト dropout 드롭아웃 / 탈락

ノック knock 노크

ノート note(book) 노트

・先生の話、ちゃんとノートにとってある？

パーティー party 파티

パネリスト panelist 패널리스트

パフォーマンス performance 퍼포먼스

・「林さん、ミスの責任をとって、会社をやめるって」
「大丈夫よ。いつものパフォーマンスだから。林さん、この
会社大好きだから、やめるわけないって」

・彼女のコンサート、5回目だけど、今日は今までで最高のパ
フォーマンスだった。

ハプニング happening 해프닝

・テレビの生放送中にハプニングが起きた。

フェア fair 박람회

・来月、横浜で楽器フェアがあるので、見に行こうと思う。

フェスティバル festival 페스티벌

プラン plan 플랜

・そろそろ夏休みの旅行のプランを立てよう。

フリーマーケット flea market 프리마켓

プロジェクト project 프로젝트

・子供向け商品の開発プロジェクトは、高橋さんを中心に進め
られている。

・市は、来月から「子育て応援プロジェクト」を始める予定だ。

ホストファミリー host family 호스트패밀리

ボランティア volunteer 봉사활동

・週末は、お年寄りに食事を届けるボランティアをしています。

マナー manners 매너

・電車の中でマナーが悪いのは、若者だけではない。

ミスプリ（ミスプリント） misprint 미스프린트

・いま配った資料に、ミスプリがありました。

メッセージ message 메시지

・私がいなかったら、メッセージを残しておいてください。

レジュメ résumé 요약

・レジュメに沿って説明しますので、レジュメを見ながら、聞
いてください。

職業・身分・組織・社会
직업 , 신분 , 조직 , 사회

アシスタント assistant 어시스턴트 / 조수

・一人では大変なので、アシスタントをつけてもらいました。

アダルト adult 어덜트 / 성인용

アナウンサー announcer 아나운서

アマチュア amateur 아마추어

・彼女はアマチュアとは思えないぐらい上手ですよ。

アルバイト part-time job 아르바이트

インストラクター instructor 강사

インターナショナル international 인터내셔널

・インターナショナルな環境で、楽しく学習することができます。

ウェイター steward 웨이터

ウェイトレス waitress 웨이트리스

エキスパート expert 전문가

・あの弁護士は、不動産関係のエキスパートだそうです。

エリート elite 엘리트

・彼はT大学を出て、一流企業に勤めているエリートです。

エンジニア engineer 엔지니어

カメラマン cameraman 카메라맨

キャプテン captain 주장

・チームの新しいキャプテンには、高橋さんが選ばれた。

クラス class 클래스 / 계급・등급

グループ group 그룹

ゲイ gay 게이

ゲスト guest 게스트

コーチ coach 코치

コック cook, chef 요리사

コネ connections 커넥션

・彼がA社に就職できたのは、コネがあったからでしょ？おじ
いさんが社長の友達なんだって。

コミュニケーション communication 커뮤니케이션

コンビ combination 콤비

・あの二人、いつもけんかしているけど、いいコンビですね。

サラリーマン salaried [salary] worker 샐러리맨

シェフ chef 요리사

ジャーナリスト journalist 저널리스트

・彼は常にジャーナリストとしての精神を持ち続け、社会のた

め、正義_{せいぎ}のために戦ってきた。

スター　star　스타

スタッフ　staff　스탭

・受付スタッフは、9時に会場に来てください。

スパイ　spy　스파이

セクハラ　sexual harassment　성희롱

・部長_{ぶちょう}のあの発言は失礼_{しつれい}だね。そのうちセクハラで訴_{うった}えられるよ。

ゼミ　seminar　세미나

チーム　team　팀

チームワーク　teamwork　팀워크

・いろいろな役割_{やくわり}を持った大勢_{おおぜい}のスタッフが働く職場_{しょくば}なので、チームワークを大切にしています。

デザイナー　designer　디자이너

ニューハーフ　transvestite, transsexual　뉴해프 (남성이 여성으로 성을 인식하는 것)

パート [仕事]　part-time job, Arbeit　아르바이트

・週4日、近くのスーパーでパートをしています。

パートナー　partner　파트너

バイト　Arbeit, part-time job　아르바이트

パイロット　pilot　파일럿

パスポート　passport　여권

バックパッカー　backpacker　백넘버

バリアフリー　barrier-free　배리어프리 (문턱이 없는 것)

・うちのほうでは、公共_{こうきょう}の建物でも、まだバリアフリーになっていません。

ハンディキャップ　handicap　핸디캡

ヒーロー　hero　히어로

ビザ　visa　비자

ヒロイン　heroine　히로인

・今回のヒロインには、新人女優_{じょゆう}の鈴木さくらが選ばれた。

フィアンセ　fiancé　피앙세

フリーター　프리터

＊정해진 일이 없이 주로 아르바이트로 생활하는 젊은 사람

プロ　professional　프로

・大事_{だいじ}な記念_{きねん}写真だから、やはりプロに撮_とってもらいましょう。

プロフィール　profile　프로필

・その人の簡単_{かんたん}なプロフィールがわかれば、教えてください。

ベテラン　veteran　베테랑

・鈴木_{すずき}さんは頼_{たよ}りになるベテランだから、何でも聞くといい。

マイノリティー　minority　소수(파)

マスター　master　마스터

マネージャー　manager　매니저

ミス　Miss　미스

・彼女は、ミス着物にもなったことがあるそうです。

ミュージシャン　musician　뮤지션 / 음악가

メンバー　member　멤버

・会議のメンバーで私が知っているのは、田中さんだけです。

モデル [仕事]　model　모델[직업]

モラル　moral, norm　모럴 / 도덕심

・モラルのない人が多いって、電車に乗るたびに思う。

ライバル　rival　라이벌

・K 大学と W 大学は、長年_{ながねん}ライバル関係にあります。

リーダー　leader　리더

リーダーシップ　leadership　리더십

・新しい代表には、強いリーダーシップを期待しています。

ルール　rule　룰

ローカル　local　로컬

・ローカルな話題ですみませんが、うちの近くに変わった喫茶_{きっさ}店があるんです。

アフターケア　aftercare　애프터케어

・いつ故障_{こしょう}しても困_{こま}らないように、アフターケアがしっかりしたお店で買おう。

オークション　auction　옥션

・これも、オークションに出せば、高い値段_{ねだん}がつくかもしれない。

オフィス　office　오피스

・店は太陽デパートの2階、オフィスはその隣_{となり}のビルにあります。

・二の服は、オフィスで着るのにちょうどいい。

カタログ catalog 카탈로그
・忙しいので、カタログから選んで注文することにした。

ギャラ guarantee 갤런티 / 출연료
・スケジュールも仕事の内容も問題ありません。で、今回の仕事、ギャラはいくらなんですか。
・彼はいいカメラマンだけど、ギャラが高くて頼めない。

キャラクター character 캐릭터
・この作品には、たくさんの魅力的なキャラクターが登場する。
・Aさんは、個性的なキャラクターで若者に人気の女優です。

キャリア career 캐리어 / 경력
・父は、長年、銀行に勤めたキャリアを生かして、大学で金融を教えています。
・いつか自分が一番やりたい仕事ができるよう、今はキャリアを磨くだけです。

キャンペーン campaign 캠페인
・新しく出た缶コーヒーのキャンペーンをやっているそうだ。

クライアント client 클라이언트 / 고객
・広告を入れるページを間違えて、クライアントを怒らせてしまった。

クレジットカード credit card 신용카드

コスト cost 코스트
・少しでもコストを下げて、利益が十分とれるようにしましょう。

コマーシャル commercial [message] 방송광고
・この薬は、テレビのコマーシャルで見たことがあります。

サービス service 서비스
・ここは安くてうまいし、サービスもいいし、またぜひ来たい。
・国民は、国や市のサービスを受ける権利がある。
・ケーキを10個買ったら、プリンを1個サービスしてくれた。

サンプル sample 샘플
・検討しますので、サンプルを一つ送ってもらえますか。

ストック stock 스톡
・「トイレットペーパー、買う？」「いらない。家にストックがたくさんあるから」

セール sale 세일
・いいでしょ、この服。定価1万円がセールで5千円！
・いまAデパートでセールやってるんだけど、行かない？

セールスポイント selling point 세일즈 포인트
・この商品のセールスポイントは、安さと使いやすさです。
・自分のセールスポイントは何か、一度よく考えてみましょう。

セクション section 섹션 / 부서

ターゲット target 타깃 / 표적
・この商品は、主に20代の女性をターゲットにしている。

タイムリミット time limit, deadlie 타임리밋

ダイレクトメール direct mail 다이렉트메일 , DM

ディスカウント discount 디스카운트
・ちょっとでも安く買いたいので、なるべくディスカウントのお店で買うようにしています。
・5個以上買うと、さらに10%ディスカウントしてもらえる。

デザイン design 디자인

ニーズ needs, demand 필요성, 요망
・若い人には必要ないけど、お年寄りにはすごくニーズがある商品ですね。

ノルマ work quota 기준, 책임량 , 할당량
・毎月5台も売らなければならないの？ノルマが厳しいね。

バーゲン bargain 바겐세일

バッティング conflicting (butting up against) 배팅
・困りました。A社の説明会に申し込んでいたんですが、B社の面接とバッティングしてしまったんです。

バッテリー battery 건전지
・そろそろバッテリーを交換したほうがいい。

パンフレット pamphlet, brochure 팸플릿
・ちょっとそこで旅行のパンフレットをもらってきます。

ビジネス business 비즈니스
・ビジネスで成功したければ、この本を読むといい。

ブーム boom 붐
・最近、若い人たちの間で、ちょっとした歴史ブームのようです。

ブランド brand 브랜드
・彼女は家が金持ちだから。服やかばんは、みんなブランド品よ。

フリーダイヤル toll-free number[call] 회사부담 무료전화
・「さっきからフリーダイヤルにかけているんだけど、全然つながらない」「予約が集中しているのよ。ほかの番号はないの？」

ポイント　point　포인트

・結婚生活を長く続けるには、３つポイントがあります。
・野菜を選ぶとき、何をポイントに見ればいいですか。

ボーナス　bonus　보너스

ポスター　poster, bill　포스터

マニュアル　manual　매뉴얼

メーカー　manufacturer　메이커 / 제조회사

・故障したのかなあ。ちょっとメーカーに問い合わせてみる。
・彼女は化粧品メーカーに就職が決まった。

メンテナンス　maintenance　관리, 유지

・システムのメンテナンスを行うため、７月14日の午前１時から５時まで、サービスのご利用ができません。
・長く使うには、時々掃除するなど、メンテナンスが大事です。

ユーザー（ユーザ）　user　사용자

・Ｍソフトは、ユーザー向けの新しい情報サービスを始めた。
・これは個人ユーザーではなく、企業ユーザー向けの情報です。

ラベル　label　라벨

・ラベルは違いますが、中身は同じだそうです。

レシート　receipt, slip　영수증

レジャー　leisure　레저

・この辺りは海にも山にも近く、週末は、ハイキングやスポーツなどのレジャーを楽しむために、たくさんの人が訪れる。

レンタル　rental　임대

ローテーション　lotation　로테이션

健康・病気・体や心の状態
건강, 질병, 신체나 마음 상태

アレルギー　allergy　알레르기

・卵アレルギーがありますが、これなら食べられそうです。

インフルエンザ　influenza, flu　인플루엔자

・いまインフルエンザがはやっているから、気をつけて。

ウイルス　virus　바이러스

・このウイルスには、今までのワクチンは効かない。
・パソコンがウイルスに感染したら、どうすればいいですか。

エイズ　AIDS　에이즈

カルシウム　calcium　칼슘

カロリー　calory, calorie　칼로리

・お酒や甘いものは控えて、カロリーをとりすぎないようにしてください。

クリニック　clinic　클리닉

・私が通っているクリニックは、おすすめですよ。先生がいつも丁寧に説明してくれるんです。

コンディション　condirtion　컨디션

・今日はコンディションがいいので、積極的に優勝をねらっていきたいと思います。

コンプレックス　[inferiority] complex　콤플렉스

・コンプレックスがあるのは悪いことでなはい。それをばねに、努力し、成長することできるからだ。

ショック　shock　쇼크

・彼が亡くなったというニュースを聞いて、すごくショックを受けました。
・「実は今日、ちょっとショックなことがあったんです……」「えっ、どうしたんですか !?」

スタミナ　stamina　스태미너

・暑さに負けないように、何かスタミナのあるものを食べよう。

ストレス　stress　스트레스

・家庭の問題が、彼女にとって一番のストレスになっている。
・仕事がうまくいかない時に、ストレスを感じます。

ダイエット　diet　다이어트

・ダイエットを始めて３カ月ですが、効果はまだありません。

ナーバス　nervous　신경질적임

・受験生はいまナーバスになっているから、「落ちる」とか「すべる」とかの言葉は言わないようにしてください。

ビタミン　vitamin　비타민

・ビタミンが不足しないよう、野菜を十分に食べてください。

ヘルシー　healthy　헬시

・このジュースは、野菜と果物とヨーグルトで作りました。砂糖は使っていません。とてもヘルシーな飲み物です。

モチベーション　motivation　모티베이션 / 동기

・オリンピックに出るという高い目標が、モチベーションの維持につながっている。

リフレッシュ　refresh　리프레시

・たまには旅行にでも行って、リフレッシュしてきたら？

リラックス　relax 릴랙스

レントゲン　X rays X선

ワクチン　vaccine 백신

・この病気に対しては、新しいワクチンを開発するしかない。

趣味・スポーツ・芸術　취미 , 스포츠 , 예술 

アーチスト　artist 아티스트

・「お金のために絵をかいているんじゃないって、怒ってた」
「彼、アーチストだからね」

アート　art 아트

・彼がアートに関心があるとは、知らなかった。

アニメ　anime 애니메이션

イエローカード　yellow card 옐로우카드

イラスト　illustration 일러스트

ウォーキング　walking 워킹 / 걷기

オーケストラ　orchestra 오케스트라

オペラ　opera 오페라

オリンピック　the Olympic Games 올림픽

オルガン　organ 오르간

ガイドブック　guide book 가이드북

カラオケ　karaoke 가라오케

ギター　guitar 기타

キャンプ　camp 캠프

クイズ　quiz 퀴즈

・林さんに一つクイズです。私が一番好きな食べ物は何でしょう。

クラシック　classic 클래식

ゲーム　game 게임

コメディー　comedy 코미디

ゴルフ　golf 골프

コンサート　concert 콘서트

サウンド　sound 사운드

・ラジオから懐かしいサウンドが流れてきた。

サポーター　supporter 서포터

サンバ　samba 삼바

シナリオ　scenario 시나리오

ジム　gym 체육관

ジャズ　jazz 재즈

シュート　shoot 슈트

ジョギング　jogging 조깅

スケート　skating 스케이트

スター　star 스타

スポーツ　sports 스포츠

タレント　talent, personality 탤런트

・さっき東京駅で、テレビによく出るタレントを見た。

ダンス　dance 댄스

チャンピオン　champion 챔피언

テニス　tennis 테니스

テンポ　tempo 템포

・ゆっくり1時間歩くより、テンポよく30分歩くほうが健康にいい。

トーナメント　tournament 토너먼트

・全国大会はトーナメントだから、負けたら終わりです。

ドライブ　drive 드라이브

ドラマ　drama 드라마

トランプ　cards 트럼프

トランペット　trumpet 트럼펫

ドロー　draw (in a game) 무승부

ノンフィクション　nonfiction 논픽션

バイオリン（ヴァイオリン）　violin 바이올린

ハイキング　hiking 하이킹

・暑いから、海に行くより山にハイキングに行きたい。

バスケットボール　basketball 농구

パチンコ　pachinko 파칭코

バレーボール　volleyball 배구

バンド　band 밴드

ピアノ　piano 피아노

ピクニック　picnic 피크닉

・晴れたら、どこか近くの公園にでもピクニックに行かない？

ファン　fan 팬

フィクション　fiction 픽션

ボーカル vocal, vocalist 보컬

ボウリング bowling 볼링

ボール ball 볼 / 공

ボサノバ bossanova 보사노바

ポップス pop (music) 팝

マニア mania 마니아
・この特別モデルは全部で 50 個しかないので、マニアの間で
高い値段がついている。

マラソン marathon 마라톤

メロディー melody 멜로디

ヨガ yoga 요가

ラケット racket 라켓

ランニング running 런닝

リズム rhythm 리듬
・休みの間に生活のリズムが少しくずれてしまった。

レース race 레이스

レクリエーション recreation 레크리에이션
・5 日間の研修の間には、レクリエーションの時間もあり、簡
単なゲームやスポーツをします。

レゲエ reggae 레게

レスリング wrestling 레슬링

ロック lock, rock 로크

ワールドカップ the World Cup 월드컵

アジア Asia 아시아

アフリカ Africa 아프리카

アラブ Arab 아랍

イスラム教 Islam 이슬람교

ウィキペディア Wikipedia 위키피디아

ウォルト・ディズニー Walt Disney 월트 디즈니

カトリック Catholicism 카톨릭

キリスト教 Christianity 기독교

クリスチャン Christian 크리스천

サンタクロース Santa Claus 산타클로스

シェイクスピア Shakespeare 셰익스피어

スター・ウォーズ Star Wars 스타워즈

東京タワー Tokyo Tower 도쿄타워

ノーベル賞 Nobel Prize 노벨상

ノルウェー Norway 노르웨이

バッハ Bach 바하

ビートルズ Beatles 비틀즈

ヒスパニック Hispanic 히스패닉

ヒューマニズム humanism 휴머니즘

ヒンズー教 Hinduism 힌두교

フィリピン Philippines 필리핀

フェラーリ Ferrari 페라리

プロテスタント Protestantism 프로테스탄트 / 청교도

ベートーベン Beethoven 베토벤

ホワイトハウス the White House 백악관

モーツァルト Mozart 모짜르트

レオナルド・ダ・ヴィンチ Leonardo da Vinci
레오나르도 다빈치

カンガルー kangaroo 캥거루

キリン giraffe 기린

コアラ koala (bear) 코알라

ゴリラ gorilla 고릴라

チューリップ tulip 튤립

チンパンジー chimpanzee 침팬지

バラ rose 장미

パンダ panda 판다

ペット pet 애완동물
・「何かペットを飼っていますか」「ええ、犬を一匹」

ペンギン penguin 펭귄

ライオン lion 라이온 / 사자

その他 기타 

アイデア（アイディア） idea 아이디어
・先生を喜ばせたいんだけど、何かいいアイデアない？

アクセント accent 악센트

イデオロギー ideology 이데올로기

イメージ image 이미지
・日本と聞いて、どんなイメージを持ちますか。

エコ（エコロジー） ecology 에콜로지 / 환경
・このお店、エコに関心のある人には、おもしろいと思う。

エチケット etiquette 에티켓

エピソード episode 에피소드
・中国に旅行した時のエピソードを少し話したいと思います。

オプション optional extras 옵션
・基本の観光コース以外に、オプションで工場見学があります。

カルチャー culture 컬처
・市の文化センターでは、料理やダンス、パソコンなど、さまざまなカルチャー教室が開かれている。
・大家さんの一言は、私にとって、カルチャー・ショックだった。

ギャンブル gamble 갬블 / 도박

コミュニケーション communication 커뮤니케이션
・周囲とよくコミュニケーションをとってください。

コンセンサス consensus 합의
・計画を始める前にもう一度、全員の間でコンセンサスをとっておいたほうがいい。

サイクル cycle 사이클
・美容院へは、どれくらいのサイクルで行っていますか。

セキュリティー security 안전, 보안
・セキュリティーに強いパソコンを買おうと思っています。

テキスト text 교재, 교과서
・初級のテキストだったら、これがおすすめです。

トピック topic 토픽

ニュアンス nuance 뉘앙스
・さすがマリアさん。細かいニュアンスまでよく訳されている。
・彼のこの短い言葉にも、いろいろなニュアンスが含まれている。

ビジョン vision 비전
・どういう会社をめざすのか、将来のビジョンをしっかり示してほしい。

ヒント hint 힌트
・今日の講演は、新しい作品を作るうえで、いいヒントになった。

プライド pride 프라이드
・こっちにもプライドがある。このまま負けてばかりいられない。

プロセス process 프로세스
・結果も大事だけど、そこにいたるまでのプロセスも、同じように大事だ。

ボキャブラリー vocabulary 어휘
・もっといい言い方があると思うけど、ボキャブラリーがなくて、うまく表現できません。

ポリシー policy 정책, 방침
・常に弱い側に立つ、というのが私のポリシーです。

メカニズム mechanism 메커니즘
・市場のメカニズムによって、価格は決まっていくでしょう。

レイアウト layout 레이아웃
・この本のレイアウトは見やすくて、とてもいい。
・部屋のレイアウトを変えようと思う。

'카테고리별 단어집'에 예문이 있는 경우에는, 오른쪽에 카테고리 (A~W)를 표기하였습니다.

STEP ②

1 - （2）연습 1 · 2 (p.23)

☐ チーズ　　　　cheese 치즈
☐ ビル　　　　　building 빌딩
☐ ビール　　　　beer 맥주
☐ バナナ　　　　banana 바나나
☐ テーブル　　　table 테이블
☐ ケーキ　　　　cake 케이크
☐ コーヒー　　　coffee 커피
☐ コピー　　　　copy 복사　　　　　　I, O
☐ スニーカー　　sneakers 운동화
☐ ストーブ　　　stove 스토브

1 - （3）연습 1 · 2 (p.24)

☐ ワイン　　　　　　wine 와인
☐ コンセント　　　　electric outlet 콘센트
☐ パソコン　　　　　personal computer 개인용컴퓨터
☐ エアコン　　　　　air conditioner 에어컨
☐ サンダル　　　　　sandals 샌들
☐ コンタクトレンズ　contact lens 콘택트렌즈
☐ レストラン　　　　restaurant 레스토랑
☐ レインコート　　　raincoat 레인코트
☐ ボクシング　　　　boxing 복싱

1 - （4）연습 1 · 2 (p.26)

☐ カップ　　　cup 컵
☐ コップ　　　glass 유리컵
☐ クッキー　　cookie 쿠키
☐ チケット　　ticket 티켓
☐ ラケット　　racket 라켓
☐ ネクタイ　　necktie 넥타이
☐ クリップ　　clip 클립
☐ ソックス　　socks 양말
☐ キッチン　　kitchen 부엌

☐ サンドイッチ　　sandwich 샌드위치
☐ プレゼント　　　present 선물

1 － （5） －연습 1 (p.28)

- □ シャツ　　　　　　　shirt 셔츠
- □ ジュース　　　　　　juice 주스
- □ メニュー　　　　　　menu 메뉴
- □ ケチャップ　　　　　ketchup 케첩
- □ ジョギング　　　　　jogging 조깅
- □ マヨネーズ　　　　　mayonnaise 마요네즈
- □ イヤリング　　　　　earrings 귀걸이
- □ キャッシュカード　　debit card 현금카드

1 － （5） －연습 2 (p.28)

- □ チョコレート　　　　chocolate 초콜릿
- □ シャンプー　　　　　shampoo 샴푸
- □ バーベキュー　　　　barbecue 바비큐
- □ ジャケット　　　　　jacket 재킷
- □ パジャマ　　　　　　pajamas 파자마 / 잠옷

1 － （5） －연습 3 (p.29)

- □ レストラン　　　　　restaurant 레스토랑
- □ メニュー　　　　　　menu 메뉴
- □ シャツ　　　　　　　shirt 셔츠
- □ ジャケット　　　　　jacket 재킷
- □ チョコレート　　　　chocolate 초콜릿
- □ ケチャップ　　　　　ketchup 케첩
- □ マヨネーズ　　　　　mayonnaise 마요네즈

1 －복습 1 · 2 (p.30)

- □ マヨネーズ　　　　　mayonnaise 마요네즈
- □ チケット　　　　　　ticket 티켓
- □ チーズ　　　　　　　cheese 치즈
- □ ケーキ　　　　　　　cake 케이크
- □ バナナ　　　　　　　banana 바나나
- □ ジュース　　　　　　juice 주스
- □ チョコレート　　　　chocolate 초콜릿
- □ イヤリング　　　　　earrings 귀걸이
- □ エレベーター　　　　elevator 엘리베이터
- □ コンタクトレンズ　　contact lens 콘택트렌즈
- □ バーベキュー　　　　barbecue 바비큐
- □ キャッシュカード　　debit card 현금카드

2 － （1） －연습 1 (p.31)

- □ シェイクスピア　　　Shakespeare 셰익스피어
- □ モーツァルト　　　　Mozart 모짜르트
- □ ウォルト・ディズニー
  　　　　　　　　　　　Walt Disney 월트 디즈니
- □ レオナルド・ダ・ヴィンチ
  　　　　　　　　　　　Leonardo da Vinci
  　　　　　　　　　　　레오나르도 다빈치

2 － （1） (p.31)

- □ ソファー　　　　　　sofa 소파
- □ オフィス　　　　　　office 오피스　　　　　R
- □ フェア　　　　　　　fair 페어　　　　　　J, P
- □ フォロー　　　　　　follow 실수를 덮음　　O
- □ ボランティア　　　　volunteer 봉사활동
- □ メディア　　　　　　media 미디어　　　　　I
- □ チェック　　　　　　check 체크　　　　　　O
- □ シェア　　　　　　　share 셰어　　　　　　O
- □ プロジェクト　　　　project 프로젝트　　　P

2 － （1） －연습 2 (p.32)

- □ フィリピン　　　　　Philippines 필리핀
- □ ノルウェー　　　　　Norway 노르웨이
- □ フェラーリ　　　　　Ferrari 페라리

2 － （1） －연습 3 (p.32)

- □ スター・ウォーズ　　Star Wars 스타워즈
- □ ウィキペディア　　　Wikipedia 위키피디아
- □ ロック　　　　　　　lock, rock 로크
- □ フェスティバル　　　festival 페스티벌
- □ セキュリティー　　　security 보안
- □ チェック　　　　　　check 체크　　　　　　O
- □ ファッション　　　　fashion 패션　　　　　C
- □ モデル　　　　　　　model 모델　　　　　K, Q

2 － （2） －연습 1 A (p.34)

- □ バス　　　　　　　　bus 버스
- □ ジャズ　　　　　　　jazz 재즈
- □ マスク　　　　　　　face mask 마스크
- □ グループ　　　　　　group 그룹

□ クリーム	cream 크림		□ ダイヤ	diamond 다이아몬드	

□ クリーム　　cream 크림

□ クリスマス　Christmas 크리스마스

□ フルーツ　　fruit 과일

□ ランニング　running 러닝

2 － （2） －연습 1 B (p.34)

□ ドラマ　　　drama 드라마

□ パスポート　passport 여권

□ ランペット　trumpet 트럼펫

□ サンドイッチ　sandwich 샌드위치

2 － （2） －연습 1 C (p.35)

□ ベッド　　　bed 침대

□ ペット　　　pet 애완동물　　　V

□ トップ　　　top 톱　　　　　　N

□ バッグ　　　bag 가방

□ チェック　　check 체크　　　　O

□ クラシック　classic 클래식

2 － （2） －연습 2 (p.35)

□ ドラマ　　　drama 드라마

□ パスポート　passport 여권

□ ジャズ　　　jazz 재즈

□ クラシック　classic 클래식

□ フルーツ　　fruit 과일

□ ジュース　　juice 주스

□ アイスクリーム　ice cream 아이스크림

□ チキン　　　chicken 치킨

□ サンドイッチ　sandwich 샌드위치

□ バス　　　　bus 버스

□ ツアー　　　tour 투어

□ ペット　　　pet 애완동물　　　V

□ バッグ　　　bag 가방

2 － （3） －연습 1 · 2 (p.36)

□ ビーチ　　　beach 비치

□ ピーチ　　　peach 복숭아

□ ピザ　　　　pizza 피자

□ ビザ　　　　visa 비자

□ ブーツ	boots 부츠	
□ イヤリング	earrings 귀걸이	
□ スニーカー	sneakers 운동화	
□ ハイヒール	[high] heels 하이힐	
□ レインコート	raincoat 레인코트	
□ マフラー	scarf 머플러	
□ スーツ	suit 정장	

정리문제 – 5 (p.41)

□ コーラ	cola 콜라	
□ ミルクティー	tea with milk 밀크티	
□ クリームソーダ	soda float 크림소다	
□ ピラフ	pilaff 볶음밥	
□ ハンバーガー	hamburger 햄버거	
□ トースト	toast 토스트	
□ ツナ	tuna 참치	
□ サラダ	salad 샐러드	
□ コーヒー	coffee 커피	
□ バゲット	baguette 바게트	
□ ビール	beer 맥주	
□ ピザ	pizza 피자	
□ サンドイッチ	sandwich 샌드위치	

정리문제 – 6 ① (p.42)

□ クラシック	classic 클래식	
□ スリッパ	slippers 슬리퍼	
□ スパイス	spice 스파이스	
□ アイスクリーム	ice cream 아이스크림	
□ クリスマス	Christmas 크리스마스	
□ スカート	skirt 스커트	

정리문제 – 6 ② (p.42)

□ マスク	face mask 마스크	
□ チケット	ticket 티켓	
□ ジュース	juice 주스	
□ レジャー	leisure 레저	I
□ パズル	puzzle 퍼즐	
□ ジャズ	jazz 재즈	
□ スケジュール	schedule 스케줄	
□ クッキー	cookie 쿠키	

□ トースト	toast 토스트	

정리문제 – 6 ③ (p.43)

□ チキンスープ	chicken 치킨	
□ ディズニーランド	Disneyland 디즈니랜드	
□ コンピュータ	computer 컴퓨터	
□ シャツ	shirt 셔츠	
□ プロ	professional 프로	Q
□ コップ	glass 유리컵	
□ フィリピン	Philippines 필리핀	
□ チーズ	cheese 치즈	
□ ニュース	news 뉴스	I
□ レストラン	restaurant 레스토랑	
□ ドーナツ	doughnut 도넛	

정리문제 – 6 ④ (p.43)

□ ラーメン	라면	
□ インターネット	Internet, net 인터넷	
□ パスポート	passport 여권	
□ カテゴリー	category 카테고리	
□ ハンガー	hanger 옷걸이	
□ ベートーベン	Beethoven 베토벤	
□ シャンプー	shampoo 샴푸	
□ エスカレーター	escalator 에스컬레이터	
□ フライドポテト	french fries 감자튀김	
□ トリック	trick 트릭	
□ キッチンペーパー	kitchen paper 키친 타월	
□ テスト	test 테스트	

STEP ③

1 (p.46)

□ コーヒー	coffee 커피	
□ カット	cut 커트	O
□ ハンサム	handsome 핸섬	J

2 – 연습 1 (p.46 ~ p.47)

□ ファイル	file 파일	I
□ ジョギング	jogging 조깅	

□ ミーティング	meeting 회의	O
□ ファックス	fax (faximile) 팩스	
□ アルバイト	Arbeit, part-time job 아르바이트	
□ マーク	mark 마크	
□ スポーツ	sports 스포츠	
□ スタート	start 스타트	
□ スピーチ	speech 스피치	O
□ キャンセル	cancellation 캔슬	
□ プレゼント	present 프레젠트	
□ チャレンジ	challenge 도전	
□ シャンプー	shampoo 샴푸	
□ アクセス	access 엑세스 / 접근	I
□ サービス	service 서비스	R

2 － 연습 2 (p.47)

□ タイヤ	tire 타이어	
□ マッサージ	massage 마사지	
□ テレビ	television 텔레비전	
□ メモ	memo 메모	
□ マーク	mark 마크	
□ シャンプー	shampoo 샴푸	
□ アピール	appeal 어필	O
□ パンク	flat tire 펑크	
□ ファックス	fax (faximile) 팩스	
□ ホームステイ	homestay 홈스테이	

2 － 연습 3 (p.47)

□ エンジョイ	enjoy 엔조이	
□ バトンタッチ	passing the baton 배턴터치 / 인계	O
□ リタイア	retire 은퇴	O

2 － 연습 4 (p.47)

□ ホテル	hotel 호텔	
□ フロント	front desk 프런트	
□ チェックイン	check-in 체크인	
□ チェック	check 체크	O
□ パスポート	passport 여권	
□ チェックアウト	check-out 체크아웃	

2 － 연습 5 (p.48)

□ リストアップ	list up 리스트업	O
□ テレビ	television 텔레비전	
□ レンタル	rental 임대	
□ チェック	check 체크	O
□ メモ	memo 메모	

2 － 연습 6 (p.48)

□ アドバイス	advice 어드바이스	O
□ セット	set 세트	
□ スーツ	suit 정장	
□ ドア	door 도어	
□ ノック	knock 노크	

2 － 연습 7 (p.49)

□ トレーニング	training 트레이닝	O
□ カット	cut 커트	O
□ スポーツ	sports 스포츠	
□ サッカー	soccer 축구	
□ サービス	service 서비스	R
□ スーパー	Supermarket 슈퍼마켓	

2 － 연습 8 (p.49)

□ カラオケ	노래방	
□ リクエスト	request 리퀘스트	O
□ サポート	support 서포트	O
□ トライ	trial 시도	O

3 － 연습 1 (p.50)

| □ プライベート | private 개인적 | J |
| □ アットホーム | homey, domesticated 가정적임 | |

3 － 연습 2 (p.50)

□ サラダ	salad 샐러드	
□ ヘルシー	healthy 헬시	S
□ メニュー	menu 메뉴	
□ ダイエット	diet 다이어트	S
□ スリム	slim 슬림	J
□ センチ	centimeter 센티미터	
□ ビーフ	beef 소고기	

□ ステーキ	steak 스테이크		
□ カロリー	calory, calorie 칼로리	S	

3 －연습 3 (p.50)

□ シンプル	simple 간단한	J
□ ベター	better 베터 / 보다 나음	J

3 －연습 4 (p.51)

□ パーティ	party 파티	
□ フォーマル	formal 포멀(정장)	J
□ スカート	skirt 스커트	
□ カジュアル	casual 캐쥬얼	J
□ ラフ	rough 러프 / 거칠고 성김	J
□ ズボン	pair of trousers 바지	C
□ セーター	sweater 스웨터	
□ ジーンズ	jeans 청바지	
□ シャツ	T-shirt 셔츠	
□ スケジュール	schedule 스케줄	

3 －연습 5 (p.51)

□ アニメ	anime 애니메이션	
□ チャーミング	charming 차밍	J
□ コミカル	comical 코미컬	J

4 －（1）－연습 1 (p.52)

□ ライト	light 라이트	
□ カバー	cover 커버	
□ タイマー	timer 타이머	G
□ セット	set 세트	
□ カメラ	camera 카메라	
□ シャッター	shutter 셔터	
□ ブザー	buzzer 부저	

4 －（1）－연습 2 (p.52)

□ オーケストラ	orchestra 오케스트라	
□ メンバー	member 멤버	Q
□ デパート	department store 백화점	
□ パーセント	percent 퍼센트	
□ ポイント	point 포인트	K, R
□ プラス	plus 플러스	

□ フロント	front desk 프런트		
□ コーナー	area (of a store or other establishment), corner 코너	F	

4 －（1）－연습 3 (p.52)

□ デザイン	design 디자인	
□ スペース	space 스페이스	
□ アットホーム	homey, domesticated 가정적임	
□ ストレート	straight 스트레이트 / 직선적	K
□ プライベート	private 개인적	J
□ ミス	mistake, error 미스 / 실수	O, Q
□ クレーム	complaint 클레임	P
□ アドバイス	advice 어드바이스	O
□ ペア	pair 페어	K
□ ストレス	stress 스트레스	

4 －（2）－연습 1 (p.53)

□ コーヒー	coffee 커피	
□ サンドイッチ	sandwich 샌드위치	
□ セット	set 세트	L, O

4 －（2）－연습 2 (p.53)

□ バス	bus 버스	
□ ショッピング	shopping 쇼핑	O
□ フル	full 풀	
□ タクシー	taxi 택시	
□ ジャスト	just 저스트 / 꼭	
□ オーバー	exceed, excessive 오버	J

4 －（2）－연습 3 (p.53)

□ ルックス	appearance, looks 용모	K
□ アクセス	access 엑세스 / 접근	I
□ スペース	space 스페이스	
□ コンディション	condirtion 컨디션	S
□ バランス	balance 밸런스	K

5 － (1) －연습 (p.54 ～ p.55)

☐ ニューヨーク　　　New York 뉴욕
☐ アメリカ　　　America 미국
☐ サンバ　　　samba 삼바
☐ カーニバル　　　carnival 카니발
☐ リオデジャネイロ　　　Rio de Janeiro 리우데자네이루
☐ ブラジル　　　Brazil 브라질
☐ シドニー　　　Sydney 시드니
☐ オーストラリア　　　Australia 호주
☐ アラブ　　　Arab 아랍
☐ カイロ　　　heating pad 카이로
☐ エジプト‐アラブ共和国
　　　　　　　Egypt 이집트
☐ ベルギー　　　Belgium 벨기에
☐ ドイツ　　　Germany 독일
☐ アジア　　　Asia 아시아
☐ ホーチミン　　　Ho Chi Minh 호치민
☐ ベトナム　　　Vietnam 베트남
☐ マレー半島　　　the Malay Peninsula 말레이반도
☐ シンガポール　　　Singapore 싱가포르
☐ スペイン　　　Spain 스페인
☐ メキシコシティー　　　Mexico City 멕시코시티
☐ メキシコ　　　Mexico 멕시코
☐ バンコク　　　Bangkok 방콕
☐ タイ　　　Thailand 타이

5 － (2) －연습 (p.55)

☐ アマゾン川　　　Amazon river 아마존강
☐ アメリカ　　　America 미국
☐ メキシコ　　　Mexico 멕시코
☐ ミシシッピ川　　　Mississippi river 미시시피강
☐ アフリカ　　　Africa 아프리카
☐ ナイル川　　　Nile river 나일강

5 － (3) －연습 (p.56)

☐ ヨーロッパ　　　Europe 유럽
☐ ロック　　　lock, rock 로크
☐ バンド　　　band 밴드
☐ バッハ　　　Bach 바하

☐ ナポレオン　　　Napoleon 나폴레옹
☐ ビートルズ　　　Beatles 비틀즈
☐ リンカーン　　　Lincoln 링컨
☐ アメリカ　　　America 미국
☐ フランス　　　France 프랑스
☐ イギリス　　　Britain 영국
☐ ドイツ　　　Germany 독일

정리문제－1 (p.57)

☐ ガイド　　　guide 가이드　　　O
☐ リストアップ　　　list up 리스트업　　　O
☐ オリンピック　　　the Olympic Games 올림픽
☐ マラソン　　　marathon 마라톤
☐ キャンセル　　　cancellation 캔슬
☐ スタート　　　start 스타트
☐ ベッド　　　bed 침대
☐ サービス　　　service 서비스　　　R
☐ レンタル　　　rental 임대
☐ チェック　　　check 체크　　　O
☐ クリーニング　　　cleaning shop 세탁소

정리문제－2 (p.57)

☐ ラジオ　　　radio 라디오
☐ テレビ　　　television 텔레비전
☐ アナウンス　　　announcement 아나운스 / 방송　　　I
☐ ホット　　　hot 핫
☐ ワールドカップ　　　the World Cup 월드컵
☐ ペットボトル　　　plastic (PET) bottle 페트병　　　A
☐ リサイクル　　　recycling 리사이클 / 재활용　　　I
☐ テレビ　　　television 텔레비전
☐ ワイド　　　wide 와이드　　　J
☐ マラソン　　　marathon 마라톤
☐ ゴール　　　goal 골
☐ Vサイン　　　V sign V사인
☐ アップ　　　up 업　　　K
☐ グローバル　　　global 글로벌　　　J
☐ ハード　　　hard 하드　　　J

정리문제－3 (p.57)

□ ロボット　　　　robot 로봇

□ テレビ　　　　television 텔레비전

□ コミュニケーション　communication 대화　　W

□ ファックス　　　fax (faximile) 팩스

□ タイマー　　　　timer 타이머　　G

□ カメラ　　　　camera 카메라

□ シャッター　　　shutter 셔터

□ セット　　　　set 세트

□ メール　　　　E-mail 메일

□ サービス　　　service 서비스　　R

□ スイッチ　　　switch 스위치

□ ポスト　　　　post 우체통

STEP 4

연습 1 （p.60）

□ ビル　　　　building 빌딩

□ ビヤガーデン　beer garden 비어가든

□ ビール　　　beer 맥주

□ セロテープ　　Scotch tape 셀로판 테이프

□ カッター　　　cutter 칼(문구용)

□ チーズ　　　cheese 치즈

□ ワイン　　　wine 와인

□ スイス　　　Switzerland 스위스

□ スープ　　　soup 수프

□ マグカップ　　mug 머그컵

□ コーラ　　　cola 콜라

□ ガラス　　　glass 유리

□ コップ　　　glass 유리컵

연습 2 （p.61）

□ アナウンス　　announcement 아나운스 / 방송　I

□ ハワイ　　　Hawaii 하와이

□ サンフランシスコ　San Francisco 샌프란시스코

□ ゲート　　　gate 게이트

□ フロント　　front desk 프런트

□ ホテル　　　hotel 호텔

□ チェックアウト　check-out 체크아웃

□ カード　　　card 카드

□ サイン　　　sign, signature 사인

□ トイレ　　　rest room 화장실

□ ティッシュペーパー　ttissue paper 티슈

□ トイレットペーパー　toilet paper 화장실용 휴지

□ ティッシュ　　tissue paper 티슈

□ レストラン　　restaurant 레스토랑

□ スパゲティ　　spaghetti 스파게티

□ ミートソース　meat sauce 미트소스

□ トマト　　　tomato 토마토

□ ソース　　　source 소스

□ パイナップル　pineapple 파인애플

□ ジュース　　juice 주스

□ ドーナツ　　doughnut 도넛

□ ファックス　　fax (faximile) 팩스

□ メール　　　E-mail 메일

□ ファイル　　file 파일　　I

□ スリム　　　slim 슬림　　J

□ ダイエット　　diet 다이어트　　S

□ バナナジュース　banana juice 바나나주스

□ ヘルシー　　healthy 헬시　　S

□ ゴールデンウイーク　Golden Week holidays 골든위크

□ オーストラリア　Australia 호주

□ シンガポール　Singapore 싱가포르

연습 3 （p.63）

□ ゴージャス　　gorgeous 고저스 / 아주 멋진　　J

□ マンション　　apartment (house) 맨션

□ ワンルーム　　studio apartment, efficiency 원룸

□ バスルーム　　bathroom 욕실

□ トイレ　　　rest room 화장실

□ ベランダ　　veranda 베란다

□ ダイニングキッチン　dining room 다이닝 키친

□ バス　　　bathroom 욕실

□ タイプ　　　type 타입　　K

연습 4 ① （p.63）

□ セッティング　setting 세팅

□ 合コン　　　group blind date 미팅

□ ショートカット　short haircut 쇼트 컷

□ ミニスカート　miniskirt 미니스커트

□ ハイソックス	high sox 하이속스	
□ チェック	check 체크	O
□ スカート	skirt 스커트	
□ グレー	gray 그레이	
□ ストライプ	stripe 스트라이트 / 줄무늬	
□ Tシャツ	T-shirt T 셔츠	
□ ジーンズ	jeans 청바지	
□ サングラス	sunglasses 선글라스	
□ センチ	centimeter 센티미터	
□ キロ	kilo[kilogram, kilometer] 킬로그램 , 킬로미터	
□ スリム	slim 슬림	J
□ リボン	Ribbon 리본	
□ ピンク	pink 핑크	
□ ブラウス	blouse 블라우스	
□ ベージュ	beige 베이지	
□ カーティガン	cardigan 카디건	

연습 4 ② (p.64)

□ マンション	apartment (house) 맨션	
□ ダイニングキッチン	dining room 다이닝키친	
□ トイレ	rest room 화장실	
□ バスルーム	bathroom 욕실	
□ ドア	door 도어	
□ リビングルーム	living room 거실	B
□ ベランダ	veranda 베란다	
□ 東京タワー	Tokyo Tower 도쿄타워	
□ イメージ	image 이미지	W

연습 4 ③ (p.64)

□ ピアノ	piano 피아노	
□ ピアニスト	pianist 피아니스트	
□ ワンルームマンション	studio apartment, efficiency 원룸맨션	
□ ペット	pet 애완동물	V
□ グレー	gray 그레이	
□ カーペット	carpet 카펫	
□ グランドピアノ	grand piano 그랜드 피아노	
□ クローゼット	closet 옷장이나 옷을 두는 곳	

□ コンサート	concert 콘서트	
□ ドレス	dress 드레스	C
□ コンクール	contest 콩쿠르	P
□ ソファー	sofa 소파	
□ ガラス	glass 유리	
□ テーブル	table 테이블	
□ ベッド	bed 침대	

연습 5 A (p.65)

□ スキンケア	skin care 스킨케어	
□ ソープ	soap 비누	
□ スポンジ	sponge 스펀지	
□ ソフト	soft 소프트	I, J
□ ビタミン	vitamin 비타민	S
□ ローション	lotion 로션	
□ コットン	cotton 면	
□ クリーム	cream 크림	
□ メイク	makeup 메이크업	
□ リップクリーム	lip cream 립크림	

연습 5 B (p.65)

□ テーブルマナー	table manners 테이블 매너	
□ イギリス	Britain 영국	
□ パーティ	party 파티	
□ ナプキン	napkin 냅킨	
□ スープ	soup 수프	
□ スプーン	spoon 스푼	
□ パン	bread 빵	
□ フォーク	fork 포크	
□ ナイフ	knife 나이프	
□ ソース	source 소스	
□ コック	cook, chef 요리사	
□ マナー	manners 매너	P
□ ルール	rule 룰	
□ フランス	France 프랑스	
□ アメリカ	America 미국	
□ フォーマル	formal 포멀 (정장)	J

연습 5 C (p.66)

| □ エネルギー | energy 에너지 | H |

☐ レベル	level 레벨		L
☐ ピーク	peak 피크		
☐ オイル・ショック	oil shock 오일 쇼크		
☐ ガス	gas 가스		
☐ シェア	share 셰어		O
☐ アラブ	Arab 아랍		
☐ ガソリン	gasoline 가솔린		
☐ ソーラーカー	solar car 태양 전지 자동차		
☐ セット	set 세트하다		
☐ マイカー	private car 자가용		
☐ バス	bus 버스		

연습 6 A (p.66)

☐ ミルク	milk 밀크
☐ プリン	pudding 푸딩
☐ ゼラチン	gelatine 젤라틴
☐ ソース	source 소스
☐ ミリリットル	millilitre 밀리리터
☐ カップ	cup 컵
☐ ガラス	glass 유리

연습 6 B (p.67)

☐ ファッション	fashion 패션	C
☐ キュート	cute 큐트(귀여움)	
☐ キャミソール	camisole 캐미솔	
☐ ジーンズ	jeans 청바지	
☐ ジャケット	jacket 재킷	
☐ ストッキング	stockings 스타킹	
☐ スニーカー	sneakers 운동화	
☐ スパッツ	spats 스패츠(레깅스)	
☐ スマート	smart 스마트	J
☐ セクシー	sexy 섹시	
☐ ソックス	socks 양말	
☐ タイト	tight 타이트	J
☐ タイツ	tights 타이츠	
☐ タンクトップ	tank top 탱크톱	
☐ T シャツ	T-shirt T 셔츠	
☐ カジュアル	casual 캐쥬얼	J
☐ ハイヒール	high heels 하이힐	
☐ パンツ	pants 바지, 팬티	

☐ ブーツ	boots 부츠	
☐ ミニスカート	miniskirt 미니스커트	
☐ ミュール	mule 뮬 / 발목 끈이 없는 샌들	
☐ ルーズ	loose 루스 / 칠칠치 못함	J
☐ ロングスカート	long skirt 롱스커트	

STEP ⑤

1 － 연습 1 (p.70)

☐ スポーツ	sports 스포츠	
☐ ランニング	running 런닝	
☐ ジョギング	jogging 조깅	
☐ ゴルフ	golf 골프	
☐ ボウリング	bowling 볼링	
☐ ジャズ	jazz 재즈	
☐ クラシック	classic 클래식	
☐ ポップス	pop (music) 팝	
☐ ドラマ	drama 드라마	
☐ アニメ	anime 애니메이션	
☐ クイズ	quiz 퀴즈	T
☐ バラエティー	variety 버라이어티	K
☐ ドキュメンタリー	documentary 다큐멘터리	

1 － 연습 2 (p.71)

☐ ソウル	Seoul 서울
☐ バスケットボール	basketball 농구
☐ ウォルト・ディズニー	Walt Disney 월트 디즈니

2 － 연습 (p.72)

☐ アドバイス	advice 어드바이스	O
☐ ストレス	stress 스트레스	S
☐ ダイエット	diet 다이어트	S
☐ バランス	balance 밸런스	K
☐ サプリメント	supplement 추가, 보충	
☐ ヘルシー	healthy 헬시	S
☐ カロリー	calory, calorie 칼로리	S
☐ ウォーキング	walking 워킹	
☐ ジョギング	jogging 조깅	

□ リラックス	relax 릴랙스		
□ ゲーム	game 게임		
□ ビタミン	vitamin 비타민		S
□ コーヒー	coffee 커피		
□ インターネット	Internet, Net 인터넷		
□ アルコール	alcohol 알콜		A

3 －연습 (p.73)

□ リーダー	leader 리더
□ グループ	group 그룹
□ メンバー	member 멤버
□ チーム	team 팀
□ チームワーク	teamwork 팀워크
□ リーダーシップ	leadership 리더십
□ スケジュール	schedule 스케줄
□ サポート	support 서포트
□ ディスカッション	discussion 토론, 토의
□ ミーティング	meeting 회의
□ チャレンジ	challenge 도전
□ プラン	plan 플랜
□ コントロール	control 콘트롤
□ コミュニケーション	communication 대화
□ リスク	risk 리스크
□ マネージメント	management 매니지먼트
□ モチベーション	motivation 모티베이션 / 동기부여
□ アイデア	idea 아이디어
□ ビジョン	vision 비전
□ エネルギー	energy 에너지
□ プラス	plus 플러스
□ マイナス	minus 마이너스
□ アドバイス	advice 어드바이스

4 －연습 (p.74)

□ メール	e-mail 메일
□ コンピューター	computer 컴퓨터
□ パソコン	personal computer 개인용컴퓨터

5 －연습 (p.74)

□ コミュニケーション	communication 대화	W
□ Ｅメール	e-mail 메일	
□ インターネット	Internet, Net 인터넷	I
□ ホームページ	homepage 홈페이지	I
□ サイト	site 사이트	I
□ ウェブ	Web 웹	I
□ ゲーム	game 게임	
□ ソフト	software 소프트	I
□ ニュース	news 뉴스	I
□ ブログ	blog 블로그	
□ アクセス	access 엑세스 / 접근	I
□ オンライン	online 온라인	I
□ ファイル	file 파일	I
□ メモリー	memory 메모리	I
□ ワープロ	word processor 워드프로세서	
□ データ	data 데이터	I
□ アドレス	address 주소	
□ ダウンロード	download 다운로드	I
□ スキャン	scan 스캔	
□ カメラ	camera 카메라	
□ メッセージ	message 메시지	P
□ アラーム	alarm 알람	G
□ スケジュール	schedule 스케줄	
□ インストール	install 인스톨	
□ コピー	copy 복사	G, I, O
□ リスト	list 리스트	I
□ ワード	word 워드	
□ エクセル	Excel 엑셀	
□ ネット	Net, Internet 인터넷	I
□ レポート	report 리포트	

부록 1

활동
가타카나 연습장

1. ペア・ワーク 페어워크

연습 1 다음 순서대로 연습을 해 보세요.

① 2명씩 조가 됩니다.
② 한 사람(A)이 '야마다 씨 집의 배치도 X' (p.137)를 보면서 설명하고, 다른 한 사람
  (B)이 그 내용을 아래의 '야마다 씨 집의 배치도 Y'에 씁니다.
③ 다음은 역할을 바꿔서 연습합니다.

야마다 씨 집의 배치도 Y

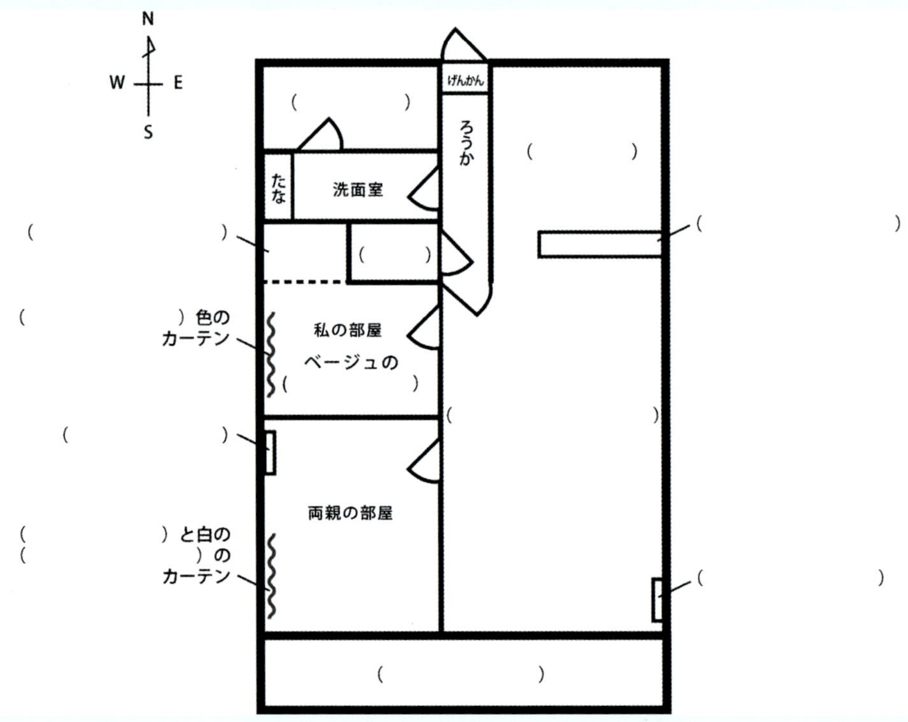

연습 2 자신의 집(방)에 대해, 같은 방식으로 연습해 봅시다.

① A는 '자신의 집(방)의 배치도(선으로 그림)'를 그려 B에게 줍니다.

② A가 방에 대한 설명을 하고 B가 그 내용을 배치도의 (   )에 씁니다.

③ 다음은 역할을 바꿔서 연습합니다.

내 집(방)의 배치도

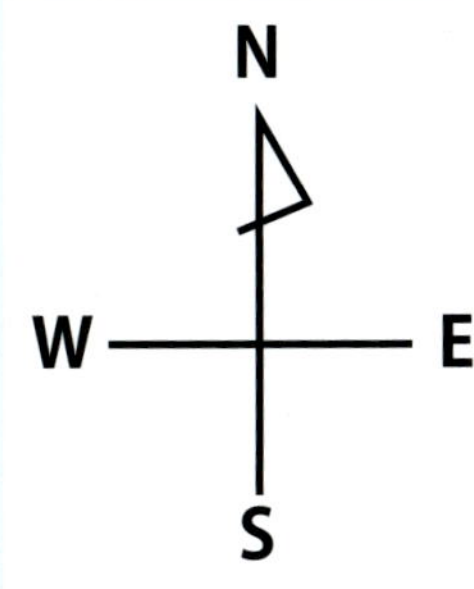

2. ロールプレイ 롤플레이

연습　CD의 회화예를 참고로 하여, 2명이서 회화 연습을 하세요.

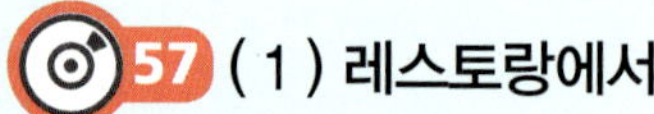 **(1) 레스토랑에서**

 **ロールシート** 롤시트

> **A** 당신은 레스토랑에 있습니다. 웨이터(웨이트리스)에게 주문하세요.
>
> **어휘와 표현**
>
> 〜はありますか / 〜をください / 〜をお願いします
>
> いっしょにお願いします / 食後にお願いします

> **B** 당신은 웨이터(웨이트리스)입니다. 손님이 주문한 것을 메모하면서 반복하여 말하세요.
>
> **어휘와 표현**
> ご注文は？/〜でございますね？/〜はどうなさいますか
>
> 〜でよろしいですか

ＭＥＮＵ

●お食事

☆Ａランチ　　　880円　　　・ハンバーグステーキ
　　　　　　　　　　　　　　　・コーンスープ
　　　　　　　　　　　　　　　・フライドポテト
　　　　　　　　　　　　　　　・パンまたはライス

☆Ｂランチ　　　780円　　　・白身魚のフライ
　　　　　　　　　　　　　　　・コーンスープ
　　　　　　　　　　　　　　　・パンまたはライス

☆Ｃランチ　　　580円　　　・チキンライス
　　　　　　　　　　　　　　　・フライドポテト

●サラダ　　　200円

●あたたかいお飲み物　　　・コーヒー / 紅茶　200円

●冷たいお飲み物　　　・ビール400円
　　　　　　　　　　　　　　　・グラスワイン400円
　　　　　　　　　　　　　　　・ソフトドリンク各種　200円

※ ランチ・セットの場合：サラダ ＋ コーヒー（または紅茶）300円

A 당신은 양품점에 있습니다. 점원에게 어떤 것이 필요한지 말하세요.
（예 : **ジーンズ、セーター、スカート、シャツなど**）

어휘와 표현

赤い　青い　白い　黒い　ピンクの　グレーの　ダークブルーの
チェックの　Ｔシャツ　ジーンズ　パンツ　セーター　ブラウス　ドレス
ワンピース　カーディガン　スカート　スーツ　ノースリーブ　半そで
長そで　Ｖネック　ストライプ　ボタン　ジッパー　ポケット　ウール
コットン　ポリエステル　フォーマル　カジュアル　デザイン　〜に合う
〜はありますか　〜はちょっと……　試着はできますか　〜にします

B 당신은 양품점 점원입니다. 손님이 좋아할 것 같은 옷을 권해 보세요.

어휘와 표현

赤い　青い　白い　黒い　ピンクの　グレーの　ダークブルーの
チェックの　Ｔシャツ　ジーンズ　パンツ　セーター　ブラウス　ドレス
ワンピース　カーディガン　スカート　スーツ　ノースリーブ　半そで
長そで　Ｖネック　ストライプ　ボタン　ジッパー　ポケット　ウール
コットン　ポリエステル　フォーマル　カジュアル　デザイン
何かお探しですか　お客様、〜はいかがですか
ご試着なさってみてください　よくおにあいです（ぴったりです）

~p.132의 페어워크~
야마다 씨 집의 배치도 X

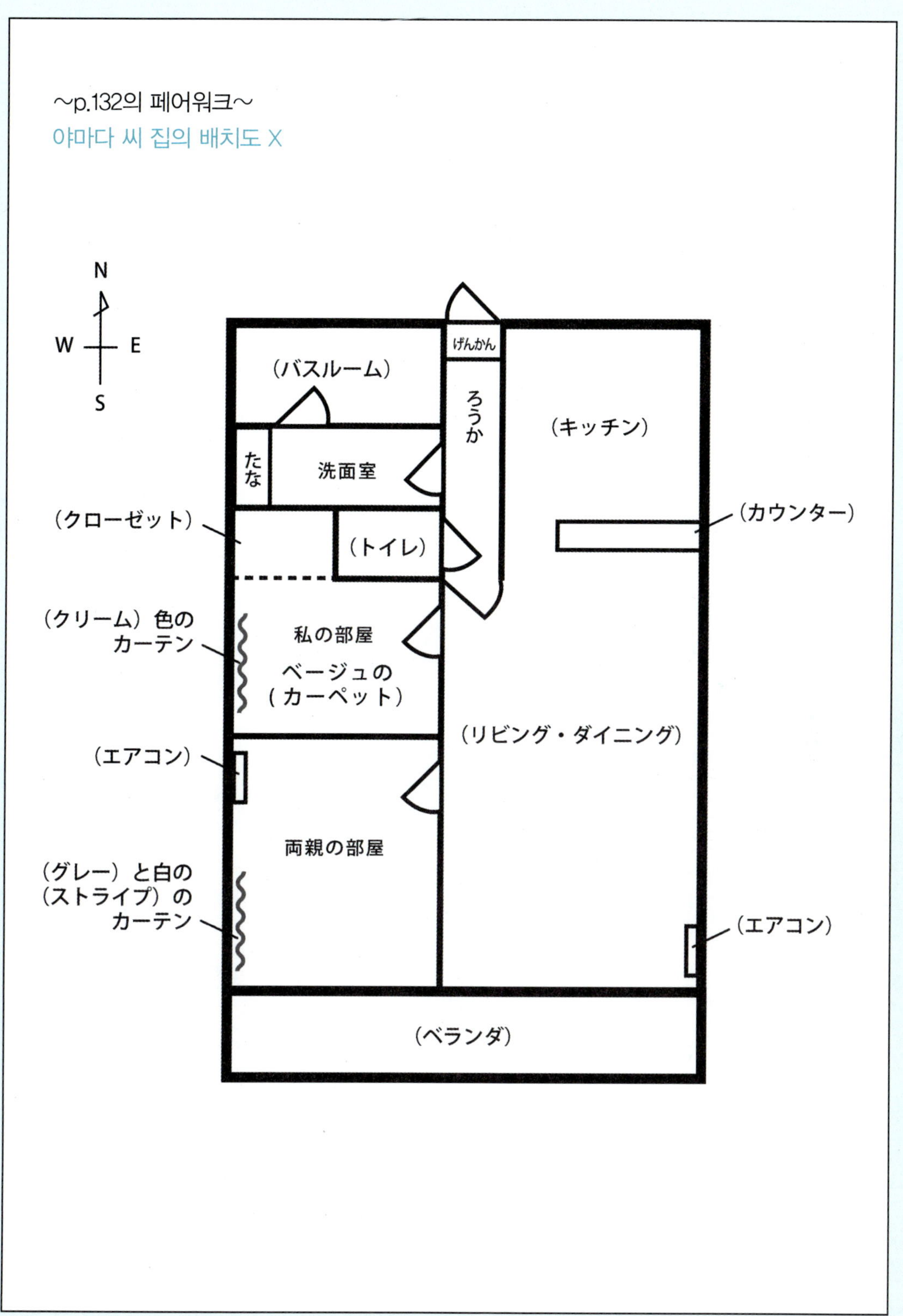

1. 쓰기의 포인트를 잡자!

여기에서는 가타카나 쓰기의 포인트를 공부합니다. 쓰는 포인트에 주의하면 가타카나를 바르게 쓸 수 있습니다.

문제 다음 ①부터 ⑤의 글자는 '읽을 수 없는 가타카나'입니다. 왜 읽을 수 없을까요?

① ソ　② ア　③ ス　④ フ　⑤ ハ

위의 ①부터 ⑤는 모양이 비슷한 글자가 두 개 있어, 어느 글자인지 구분이 되지 않습니다.

①은 「ソ」? 「ン」?　　②은 「ア」? 「マ」?

③은 「ス」? 「ヌ」?　　④은 「フ」? 히라가나의 「つ」?

⑤은 「ハ」? 「ル」?

이와 같이 가타카나를 바르게 쓰지 않으면, 모양이 비슷한 다른 글자와 혼동할 수가 있습니다. 가타카나를 바르게 쓰기 위한 포인트를 다음과 같이 다섯개로 나눠 살펴봅시다.

가타카나를 쓸 때 포인트	
포인트 1	'방향'에 주의하자
포인트 2	'길이'에 주의하자
포인트 3	'나오고/나오지 않고'에 주의하자
포인트 4	'곡선/직선' '꺾임'에 주의하자
포인트 5	'삐치고/끊고'에 주의하자

①은 「ソ」인지 「ン」인지 구분이 되지 않는 글자입니다. 바르게 쓰는 방법은 다음과 같습니다.

ン（ん）

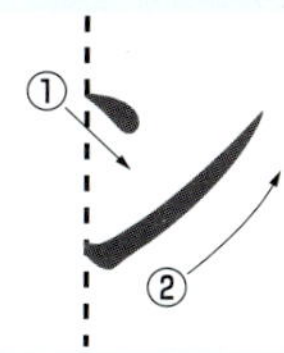

① 왼쪽에서 오른쪽으로(약간 내린다)

② 왼쪽 아래에서 오른쪽 위로

①② 거의 같은 위치에서 시작

ソ（そ）

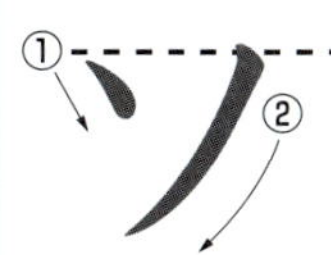

① 위에서 아래로(약간 오른쪽으로)

② 오른쪽 위에서 왼쪽 아래로

①② 거의 같은 위치에서 시작

リ（り）

그리고, 'リ'는 두 줄의 선을 평행하게 내립니다.

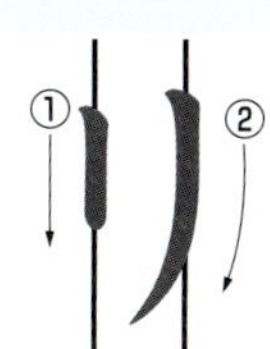

연습
합시다

ン ☐   ソ ☐   リ ☐

마찬가지로, 「シ」「ツ」도 방향에 주의하며 써야합니다.

シ（し）

①② 왼쪽에서 오른쪽으로(약간 내린다)

③ 왼쪽 아래에서 오른쪽 위로

①②③ 거의 같은 위치에서 시작

ツ（つ）

①② 위에서 아래로(약간 오른쪽으로)

③ 오른쪽 위에서 왼쪽 아래로

①②③ 거의 같은 위치에서 시작

그리고 「シ」와 「ツ」, 각각 3개의 선은 거의 비슷한 지점에서 시작하는 느낌으로 씁니다.

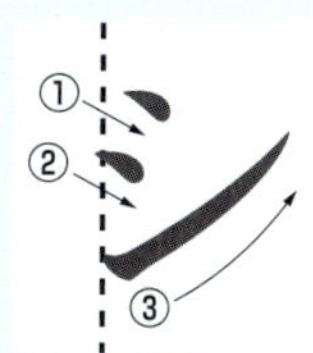

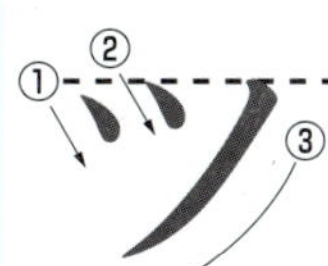

연습
합시다

シ ☐   ツ ☐

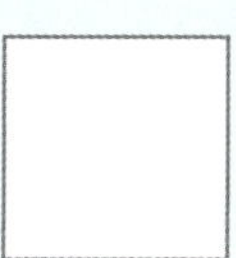

다음 가타카나 · 한자에 관해서도 '방향'에 주의해야 합니다. 쓰는 순서와 길이도 주의합시다.
□ 에 쓰는 연습을 해 봅시다.

×　カ (か)　ヤ (や)

イ 와 ト　　カ □　ヤ □

×　イ (い)　ト (と)　人 (한자)

イ 와 ト 와 人　　イ □　ト □　人 □

×　ミ (み)　三 (한자)

ミ 와 三　　ミ □　三 □

이 외에도 '방향'에 주의해야 하는 쌍에는 「ク」와 「ワ」, 「チ」와 「モ」, 「マ」와 「コ」 등이 있습니다.

포인트 2 '길이'에 주의하자

②는 「ア」인지 「マ」인지 알 수 없는 글자입니다.

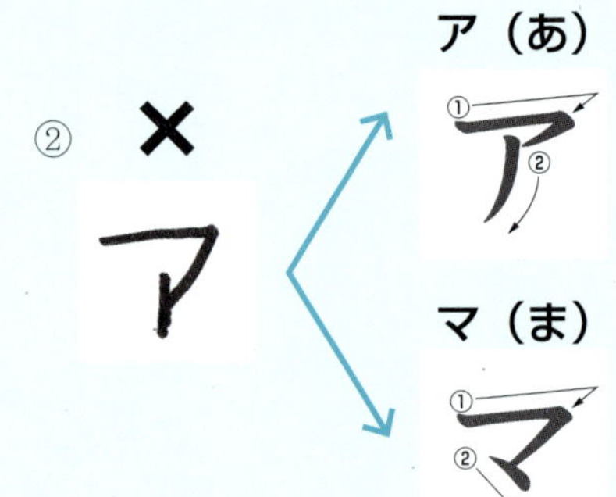

ア (あ)

マ (ま)

②에 주목해 봅시다. '방향'도 틀렸지만, ②의 길이가 길면
'ア', 짧으면 'マ'로 보입니다.

이처럼, '길이'에 따라 다른 글자로 보이는 경우가 있으므로 주의합시다.

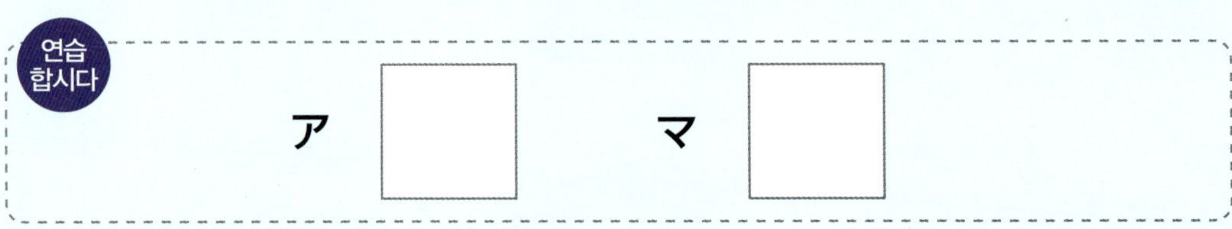

다음 글자도 '길이'에 주의해시 써야 합니다. 쓰는 순서와 방향도 주의합시다.

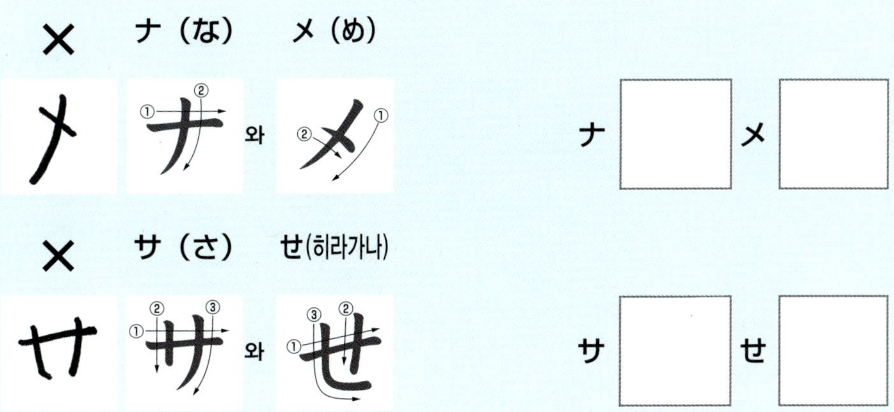

이 외에도 '길이'에 주의해야만 하는 쌍에는 「二」와 「＝(등호)」, 「ヌ」와 「又(한자 또 우)」등이 있습니다.

> **포인트 3** '나오고/나오지 않고'에 주의합시다.

③은 「ス」인지 「ヌ」인지 알 수 없는 글자입니다.

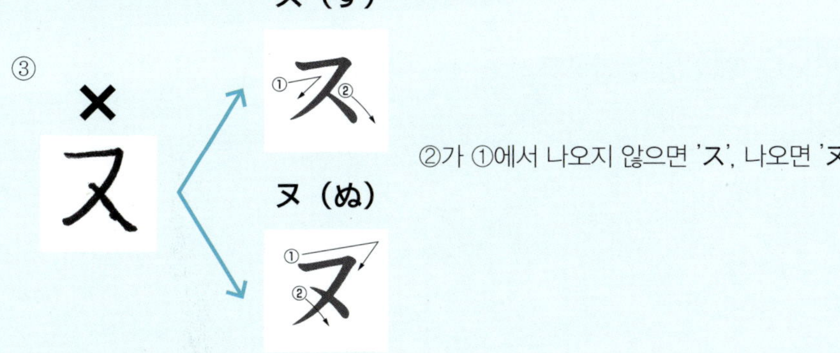

②가 ①에서 나오지 않으면 'ス', 나오면 'ヌ'로 보입니다.

이처럼 '나오고/나오지 않고'에 따라 다른 글자로 보이는 경우가 있으므로 튀어나오는지 아닌지를 확실히 해야 합니다.

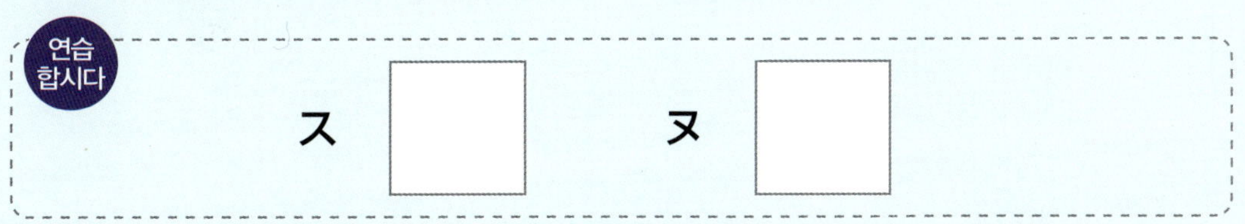

다음 글자도 '나오고/나오지 않고'에 주의해야 합니다.

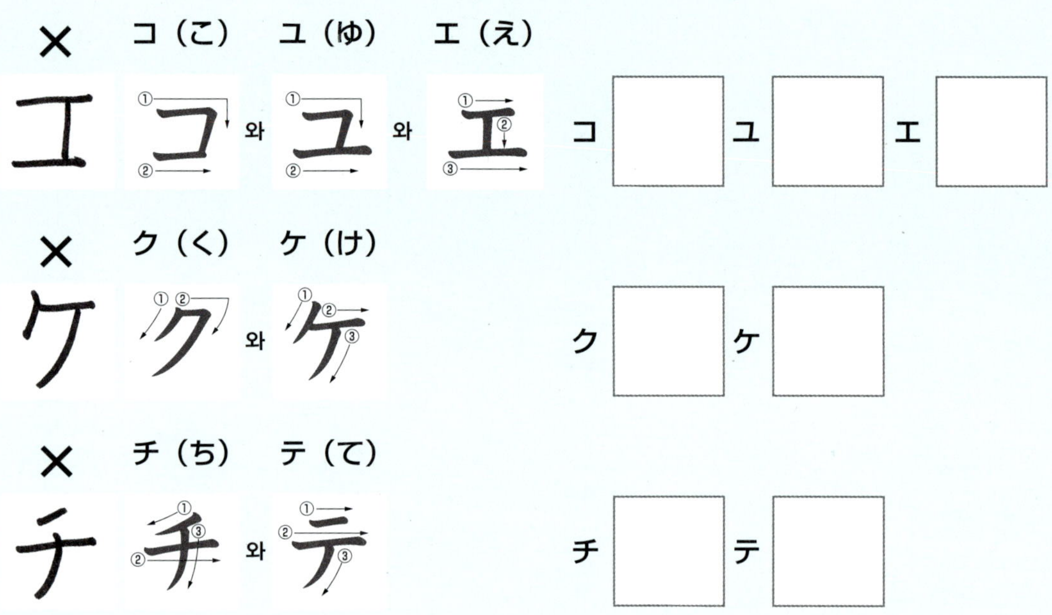

이 외에도 '나오고/나오지 않고'에 주의해야 하는 쌍에는 「キ」와 「チ」(방향도 다름) 「モ」와 「も(히라가나)」 등이 있습니다.

포인트 4 '곡선/직선', '꺾임'에 주의하자

④는 「フ」인지 「つ」인지 알 수 없는 글자입니다.

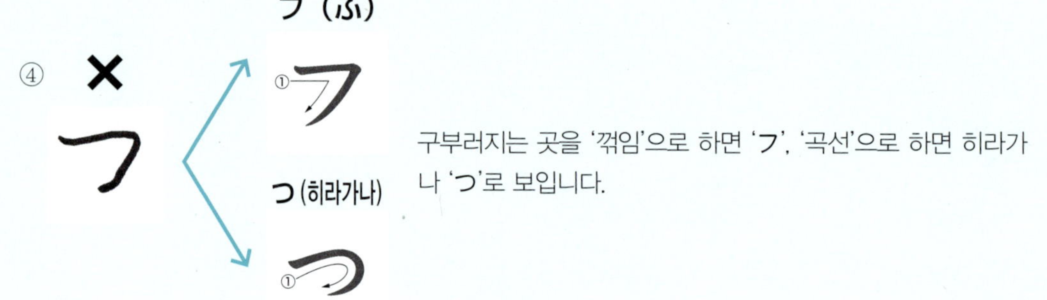

구부러지는 곳을 '꺾임'으로 하면 'フ', '곡선'으로 하면 히라가나 'つ'로 보입니다.

다음은 「ナ」인지 한자 「十」인지 알 수 없는 글자입니다.

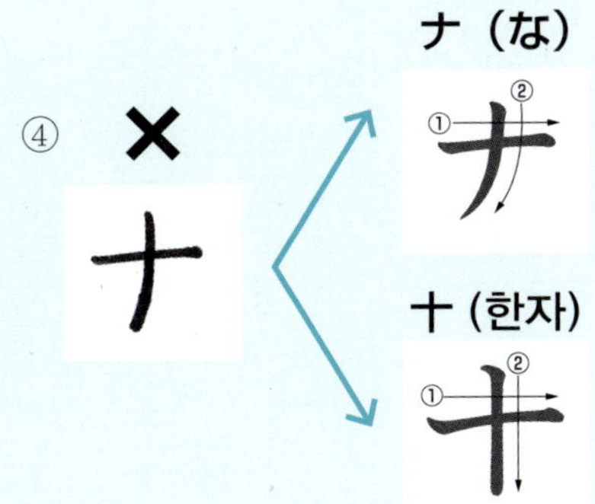

②를 '곡선'으로 하면 'ナ'로 보입니다. '직선'으로 하면 '十(한자 '열 십')'으로 보입니다.

이처럼 구부러지는 곳을 '꺾이게' 하는지 '곡선'으로 하는지, 그리고 구부러지지 않고 '직선'으로 하는지에 따라 다른 글자로 보이게 되므로 주의하세요.

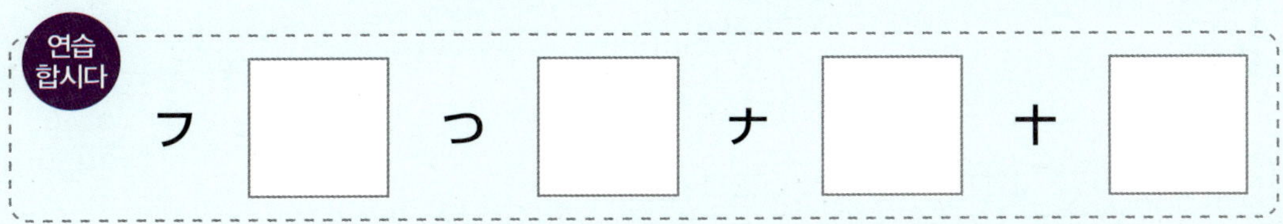

다음 글자도 '곡선/직선', '꺾임'에 주의해야 합니다.

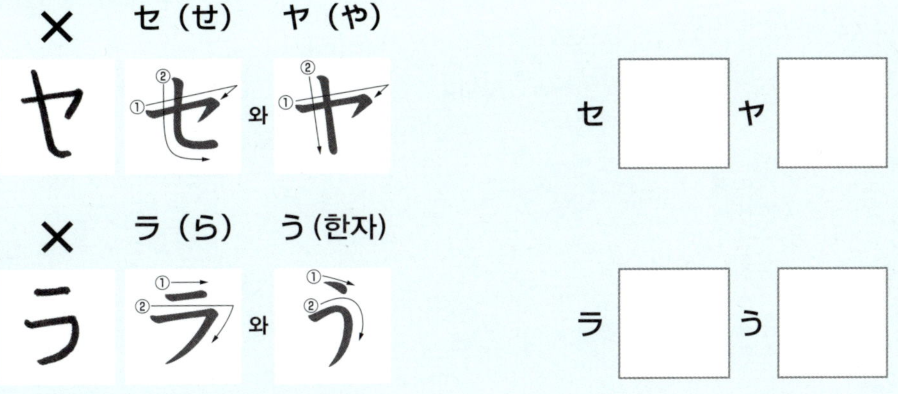

이 외에도 '곡선/직선', '꺾임'에 주의해야 하는 쌍에는 「ウ」와 「う(히라가나)」, 「カ」와 「か(히라가나)」, 「ヤ」와 「や(히라가나)」(모두 획수도 다르다), 「チ」와 「千(한자 '일천 천')」, 「テ」와 「〒(우편번호 기호)」 등이 있습니다.

⑤는 「ハ」인지 「ル」인지 알 수 없는 글자입니다.

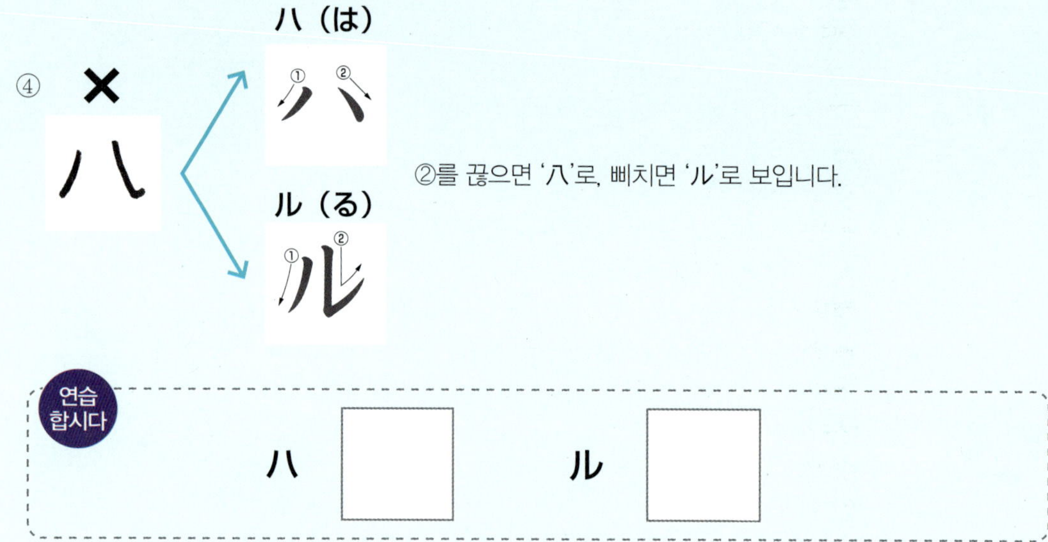

이 외에도 '삐치고/끊고'에 주의해야만 하는 쌍에는 「キ」와 「き(히라가나)」, 「セ」와 「せ(히라가나)」(모두 획수도 다르다), 「リ」와 「り(히라가나)」 등이 있습니다.

2. 예쁘게 쓸 수 있도록 연습하자!

여기에서는 '1.쓰기의 포인트를 잡자!'에서 공부한 것을 생각해가며 모든 가타카나를 올바른 모양으로 쓰는 연습을 합시다. 올바른 모양으로 쓰지 않으면 읽는 사람은 다른 글자로 착각한다든지, 읽지 못할 수도 있습니다.

다음 1)~5)의 연습을 한다면 여러분도 예쁜 가타카나를 쓸 수 있게 될 것입니다. 연습해 봅시다!

1） 다음 표 '①가타카나를 써 봅시다'의 빈칸에 왼쪽의 히라가나와 같은 소리가 나는 가타카나를 씁시다(⇒ 오른쪽 가타카나 위에 종이를 놓고 보이지 않게 한 다음에 씁시다).
2） 자신이 쓴 가타카나와 '②바른 모양'을 비교합시다. 그리고 '③쓰는 순서'를 보고 쓰는 방법이 올바른지 체크합시다.
3） '④잘못된 모양', '⑤틀리기 쉬운 글자'를 보고 자신이 쓴 가타카나가 올바른지 체크합시다.
4） '⑥위에 써 봅시다'의 선 위에 써 봅시다.
5） 마지막으로'⑦한 번 더 써 봅시다'에 가타카나를 올바르게 써 봅시다(⇒ 왼쪽 가타카나 위에 종이를 놓고 보이지 않게 한 다음에 씁시다).

	①가타카나를 써 봅시다		② 바른 모양	③ 쓰는 순서	④ 잘못된 모양	④ 잘못된 모양	⑤ 틀리기 쉬운 글자	⑥위에 써 봅시다	⑦ 한 번 더 써 봅시다
あ			ア	ア	ア	ア	「マ」	ア	
い			イ	イ	イ		한자 「人」	イ	
う			ウ	ウ	ウ	ウ	「ワ」 히라가나 「う」	ウ	
え			エ	エ	エ	エ	「ユ」	エ	
お			オ	オ	オ		한자 「才」	オ	
か			カ	カ	カ	カ	「ヤ」 히라가나 「か」	カ	
き			キ	キ	チ	キ	「チ」 히라가나 「き」「も」	キ	
く			ク	ク	ワ	ク	「ワ」「ケ」	ク	
け			ケ	ケ	ケ	ケ	「ク」	ケ	
こ			コ	コ	ユ		「ユ」	コ	
さ			サ	サ	サ		히라가나 「せ」	サ	
し			シ	シ	ツ		「ツ」	シ	
す			ス	ス	ヌ		「ヌ」	ス	
せ			セ	セ	ヤ	セ	「ヤ」 히라가나 「せ」	セ	
そ			ソ	ソ	ソ	リ	「ン」「リ」	ソ	

	①가타카나를 써 봅시다		② 바른 모양	③ 쓰는 순서	④ 잘못된 모양	④ 잘못된 모양	⑤ 틀리기 쉬운 글자	⑥위에 써 봅시다	⑦ 한 번 더 써 봅시다
た			タ	タ	タ	ヌ	「ク」	タ	
ち			チ	テ	千	千	「キ」「テ」「モ」 한자「千」	チ	
つ			ツ	ツ	ツ	ヽヽ	「シ」	ツ	
て			テ	テ	テ	テ	「チ」 기호「〒」	テ	
と			ト	ト	㇄	㇄	「イ」 한자「人」	ト	
な			ナ	ナ	ナ	十	「メ」 한자「十」	ナ	
に			ニ	ニ	=		기호「=」	ニ	
ぬ			ヌ	ヌ	ス	ヌ	「ス」	ヌ	
ね			ネ	ネ				ネ	
の			ノ	ノ				ノ	
は			ハ	ハ	ヘ	ル	「ヘ」「ル」 한자「八」	ハ	
ひ			ヒ	ヒ	セ		한자「七」	ヒ	
ふ			フ	フ	つ		히라가나「つ」	フ	
へ			ヘ	ヘ				ヘ	
ほ			ホ	ホ	木		한자「木」	ホ	

	①가타카나를 써 봅시다		② 바른 모양	③ 쓰는 순서	④ 잘못된 모양	④ 잘못된 모양	⑤ 틀리기 쉬운 글자	⑥위에 써 봅시다	⑦ 한 번 더 써 봅시다
ま			マ	マ	マ		「ア」	マ	
み			ミ	ミ	ミ	ミ	한자「三」	ミ	
む			ム	ム	ム			ム	
め			メ	メ	メ	メ	「ナ」 기호「X」	メ	
も			モ	モ	モ	モ	히라가나「も」	モ	
や			ヤ	ヤ	ヤ	や	「カ」 히라가나「や」	ヤ	
ゆ			ユ	ユ	ユ		「コ」「エ」	ユ	
よ			ヨ	ヨ	ユ			ヨ	
ら			ラ	ラ	ラ		히라가나「う」	ラ	
り			リ	リ	り	ソ	「ソ」 히라가나「り」	リ	
る			ル	ル	ル		「ハ」	ル	
れ			レ	レ	ワ			レ	
ろ			ロ	ロ				ロ	
わ			ワ	ワ			「ク」	ワ	
を			ヲ	ヲ				ヲ	
ん			ン	ン	ソ		「ソ」	ン	

부록 2

연습의
답과 스크립트

STEP 1

연습 1 (p.12)

① b　⑥ b
② a　⑦ a
③ a　⑧ b
④ a　⑨ a
⑤ b　⑩ a

정리문제(p.19)

ユ	ヒ	ク	ケ	ワ	ア	エ	コ	イ
ナ	ロ	ダ	ッ	タ	イ	テ	ト	ツ
ヘ	シ	サ	コ	シ	シ	マ	ヲ	モ
	ヨ	イ	ン	ト	テ	ス	カ	キ
	リ		シ		ル		ン	ミ
			テ				ガ	ノ

STEP 2

(2) 길게 늘리는 음

연습 1 (p.23)

① チーズ　② ビール　③ ビル
④ バナナ　⑤ テーブル　⑥ ケーキ
⑦ コーヒー　⑧ コピー
⑨ スニーカー　⑩ ストーブ

연습 2 (p.23)

① ビール／チーズ　② ケーキ／バナナ
③ コピー／ビル　④ テーブル／コーヒー

(3)「ン」의 음

연습 1 (p.24)

① ワイン　② コンセント　③ パソコン
④ エアコン　⑤ サンダル
⑥ コンタクトレンズ　⑦ レストラン
⑧ レインコート　⑨ ボクシング

연습 2 (p.25)

① エアコン　② サンダル　③ パソコン
④ コンセント　⑤ ワイン
⑥ コンタクトレンズ

(4) 작은「ッ」가 있는 음 – 막히는 음

연습 1 (p.26)

① カップ　② コップ　③ クッキー
④ チケット　⑤ ラケット　⑥ ネクタイ
⑦ クリップ　⑧ ソックス　⑨ キッチン
⑩ サンドイッチ

연습 2 (p.26)

① (紙)コップ　② コーヒーカップ
③ クリップ
④ クッキー／サンドイッチ
⑤ チケット

(5) 작은「ャ」「ュ」「ョ」가 있는 음

연습 1 (p.28)

① シャツ　② ジュース　③ メニュー
④ ケチャップ　⑤ ジョギング
⑥ マヨネーズ　⑦ イヤリング
⑧ キャッシュカード

⑩	⑨	⑧	⑦	⑥	⑤	④	③	②	①	例
キ	バ	コ	エ	イ	チ	バ	チ	チ	マ	グ
ャ	ー	ン	レ	ヤ	ョ	ナ	ー	ケ	ヨ	ラ
ッ	ベ	タ	ベ	リ	コ	ナ	ズ	ッ	ネ	ス
シ	キ	ク	ー	ン	レ	ジ	ケ	ト	ー	
ュ	ュ	ト	タ	グ	ー	ュ	ー		ズ	
カ	ー	レ	ー		ト	ー	キ			
ー		ン				ス				
ド		ズ								

2. 발음에 주의하자

(1) 일본어에 없었던 음 ①

(2) 일본어에 없었던 음 ②

要です。

③ 音楽は、（**ジャズ**）と（**クラシック**）が好きです。

④ その（**フルーツジュース**）には、どんなくだものが入っているの？

⑤ こんなに暑いと、（**アイスクリーム**）が食べたくなる。

⑥ このパンととり肉で、（**チキンサンドイッチ**）を作りましょう。

⑦ 「北海道か……。いいなあ」「うん。（**バスツアー**）だったから安かったよ」

⑧ （**ペット**）をかうなら、（**バッグ**）に入れて運べるぐらい小さな犬がいいな。

（3）헷갈리기 쉬운 음

연습 1 (p.36)

① ビーチ　ピーチ
② ビーチ　ピーチ
③ ピザ　ビザ
④ ピザ　ビザ
⑤ ダイヤ　タイヤ
⑥ ダイヤ　タイヤ
⑦ ダウン　タウン
⑧ ダウン　タウン
⑨ ガード　カード
⑩ ガード　カード
⑪ カラス　ガラス
⑫ ピン　ビン
⑬ ドラマ　トラマ
⑭ モデル　モテル
⑮ ダンス　タンス
⑯ グラフ　クラフ

연습 2 (p.37)

① 髪の毛がじゃまだから、（**ピン**）でとめました。

② 海に行くなら、（**ビーチ**）サンダルがいるね！

③ これ、（**ピーチ**）パイなのに、ももがほとんど入っていない。

④ 子どもがおおぜい遊びに来たから、（**ピザ**）を配達してもらって（**ランチ**）にした。

⑤ 自転車の（**タイヤ**）を交換しなくちゃ。

⑥ これは、パソコンに水が入らないように（**ガード**）する製品です。

⑦ この（**カード**）で買い物をすると、ポイントがたまる。

⑧ 結婚するときに初めて（**ダイヤ**）の指輪を買ってもらった。

⑨ 外国で働く場合、（**ビザ**）が必要です。

⑩ 各国の人口の変化を（**グラフ**）にまとめました。

정리문제 (p.38〜44)

01 問1 ① C　② B　③ A　④ C
　　　　⑤ A　⑥ B　⑦ A

　　 問2 ① 4　② 3　③ 6　④ 4
　　　　⑤ 5　⑥ 4　⑦ 4

02 ① テレビの音を小さくしてくれない？（a. **リモコン**　b. **エアコン**）はテーブルの上にあるから。

② 台風で庭の木がたおれてきて、窓（a. **グラス**　b. **ガラス**）が割れた。

③ きのうの授業では、6人ずつの（a. **グループ**　b. **グレープ**）に分かれて実験をした。

④ 予約した（a. **チケット**　b. **エチケット**）は、コンビニで受け取ることができる。

⑤ 漢字がまちがっていないかどうか

（a. **チャック**　b. **チェック**）
してもらえますか。

03 問1 ①d ②g ③b ④c ⑤f
　　　 ⑥e ⑦j ⑧i ⑨h ⑩a

問2 ファッション

問3 A＝ワイシャツ、レインコート、スーツ

　　 B＝ブーツ、ソックス、スニーカー、ハイヒール

　　 C＝ネクタイ、イヤリング、マフラー

問4 a. ワイシャツ[4]
　　 b. ネクタイ[4]
　　 c. ソックス[4]
　　 d. ブーツ[3]
　　 e. イヤリング[5]
　　 f. スニーカー[5]
　　 g. ハイヒール[5]
　　 h. レインコート[6]
　　 i. マフラー[4]
　　 j. スーツ[3]

04

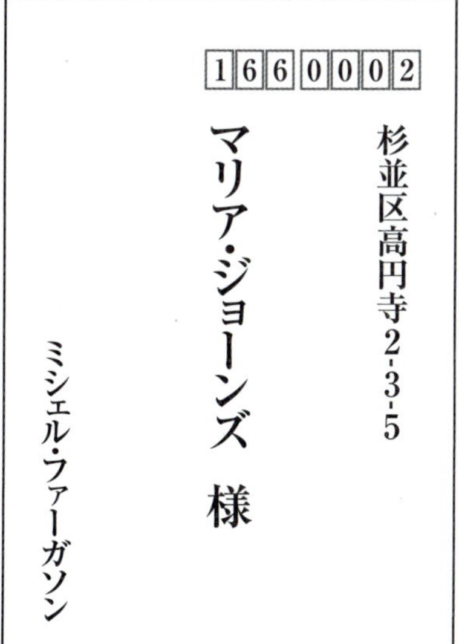

05

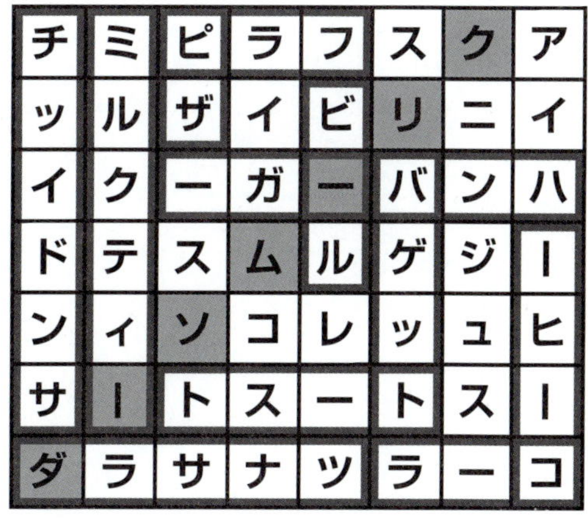

위에서 아래로
ミルクティー　ピザ　ビール　バゲット

아래에서 위로
サンドイッチ　コーヒー

왼쪽에서 오른쪽으로
ピラフ

오른쪽에서 왼쪽으로
ハンバーガー　コーラ　トースト
ツナサラダ

대각선
クリームソーダ

06
①

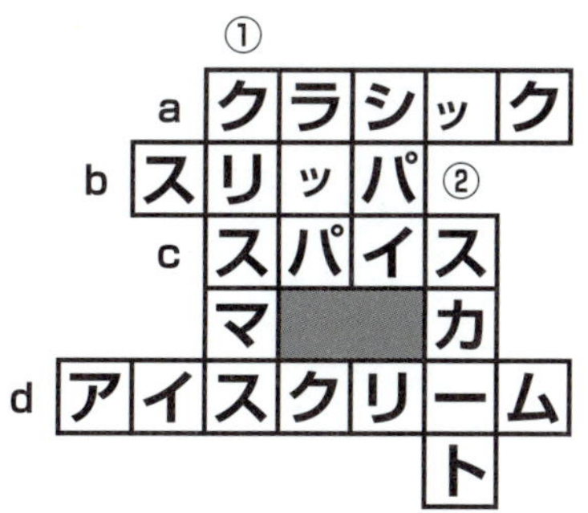

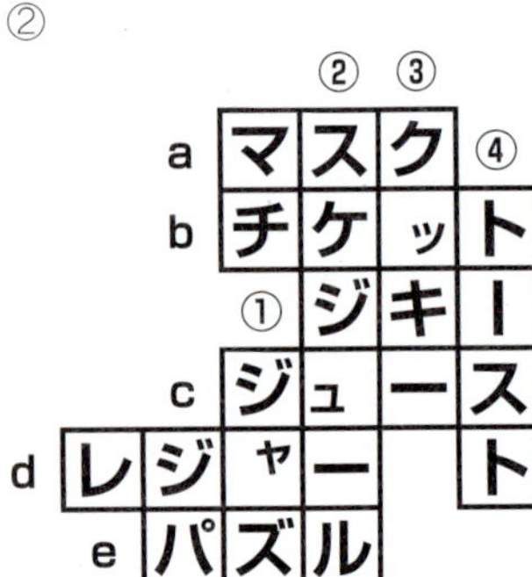

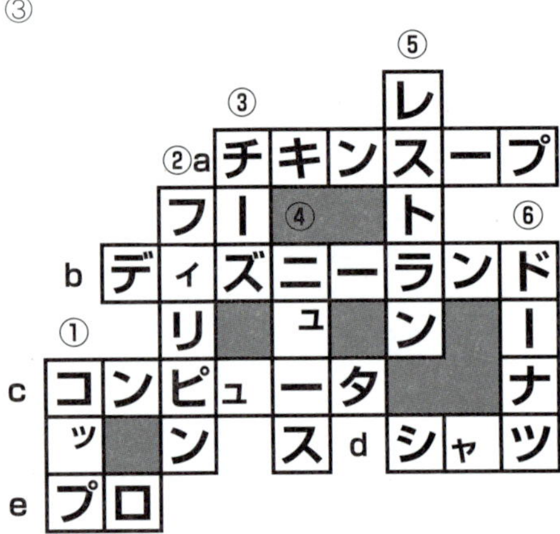

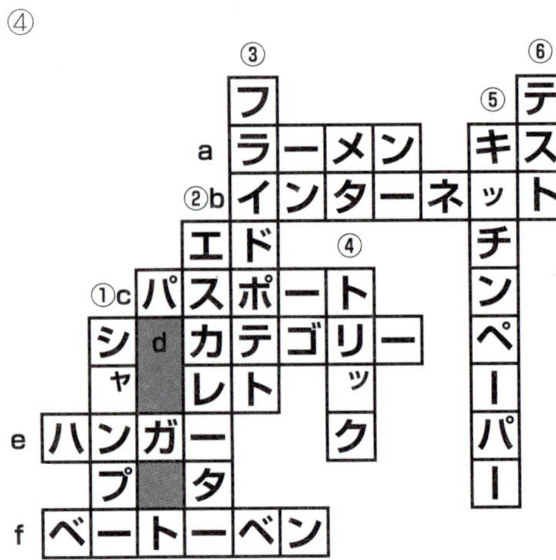

2. 「명사 + する」의 형태 – 동사

연습 1 (p.47)

① b ② a ③ a ④ a ⑤ b

⑥ b ⑦ a ⑧ a

연습 2 (p.47)

① e ② f ③ a ④ c ⑤ b ⑥ d ⑦ g

연습 3 (p.48)

① b ② b ③ a

연습 4 (p.48)

① a ② b

연습 5 (p.48)

① b ② a ③ a

연습 6 (p.49)

① c ② a ③ b

연습 7 (p.50)

① b（サービスし）

② a（トレーニングし）

③ c（カットし）

연습 8 (p.50)

① c（サポートする）

② a（トライし）

③ b（リクエスト）

3. な형용사의 형태

연습 1 (p.52)

① a ② b

연습 2 (p.52)

① b ② a

연습 3 (p.53)

① a ② a

연습 4 (p.54)

① c ② b ③ a

연습 5 (p.54)

① b ② a

4. 가타카나어를 사용한 표현

(1) 가타카나어의 명사와 동사

연습 1 (p.55)

① a ② b ③ b ④ b ⑤ b

연습 2 (p.55)

① a ② b ③ b ④ a ⑤ a

연습 3 (p.56)

① a ② b ③ a ④ b ⑤ a

(2) 가타카나어의 여러 가지 표현

연습 1 (p.56)

① a ② b

연습 2 (p.57)

① a ② a ③ b

연습 3 (p.57)

① いい ② いい ③ ない ④ ある
⑤ いい ⑥ いい

5. 가타카나어로 나타내는 장소와 사람 이름

(1) 도시와 나라 이름

연습 (p.58)

① ニューヨーク（アメリカ）
② リオデジャネイロ（ブラジル）
③ シドニー（オーストラリア）
④ カイロ（エジプト）
⑤ ベルリン（ドイツ）
⑥ ホーチミン（ベトナム）
⑦ シンガポール（シンガポール）
⑧ メキシコシティー（メキシコ）
⑨ バンコク（タイ）

(2) 산과 강 이름

연습 (p.59)

① アマゾン川
② ミシシッピ川
③ ナイル川

(3) 사람 이름

연습 (p.60)

① バッハ（d）
② ナポレオン（b）
③ ビートルズ（c）
④ リンカーン（a）

정리문제 (p.61)

01 ① b ② b ③ b ④ a
02 ① する ② な ③ する ④ な
　　 ⑤ する ⑥ する ⑦ な ⑧ な
03 ① d ② b ③ e ④ a ⑤ c

チャレンジクイズ (p.63)

01 ① 窓 ② 金 ③ 局 ④ 歯 ⑤ 印
02 ① 省 ② 白 ③ 口 ④ 営業
　　 ⑤ 野球
03 ① 企業 ② 電気 ③ 食品 ④ 歌手
　　 ⑤ 電子 ⑥ 生産

STEP 4

연습 1 (p.66)

해답 + 스크립트

① A：この（a**ビルの**）屋上に、いい（b**ビヤ
　　 ガーデンが**）あるんですよ。
　 B：じゃあ、夏になったら、みんなで
　　 （c**ビールをのみに**）行きましょう。
② A：なんか（a**かった**）の？
　 B：うん。（b**セロテープとカッター**を）
　　 買った。
③ 父：うーむ、この（a**スイスのチーズ**）
　　 は、赤（b**ワイン**に）合うなあ！
　 子：お父さん、（c**このちず**）には（d**ス
　　 イス**）ある？
　 父：うん、ここだよ。大きくなった
　　 ら、（e**チーズ**を）食べに行くとい

いよ。
④ 母：ひろしは、お茶でも（a**スープ**で
　　 も）、なんでも（b**マグカップ**での
　　 む）のねえ。
　 ひろし：うん。
　 母：でも（a**コーラ**）は（b**ガラスのコッ
　　 プで**）飲んだほうがおいしいんじゃ
　　 ない？
　 ひろし：そうかなあ。おんなじだよ。

연습 2 (p.67)

해답 + 스크립트

① 공항의 안내방송

アナウンス：（**ハワイ**）経由（**サンフランシ
スコ**）行き735便をご利用のお客様は、18番
（**ゲート**）からご搭乗ください。

② 고객과 프런트 직원의 대화 - 호텔에서

フロント係：（**チェックアウト**）でございま
すか。
客：ええ。支払いは、（**カード**）でお願いし
ます。
フロント係：はい、しょうちいたしまし
た。こちらに（**サイン**）をお願いします。
客：ここですね、はい。
フロント係：ありがとうございます。ま
た、ぜひおこしくださいませ。

③ 모자의 대화 - 집에서

母：ちょっと、ひろし、（**トイレ**）に
（**ティッシュペーパー**）を流さないで！
ひろし：（**トイレットペーパー**）がなかった
んだよ。どっちでも同じでしょ？
母：同じじゃないわよ、ぜんぜん！（**ティ
ッシュ**）は水にとけないんだから。

● **添付** 첨부

④ 연인간의 대화 - 레스토랑에서

ひろし：ぼくは、（**スパゲティー**）。（**ミートソース**）か（**トマトソース**）、どっちにしようかなあ。

ゆみ：私は、（**パイナップルジュース**）。

ひろし：えっ、それだけ？

ゆみ：うん。おなかがすいて、さっき（**ドーナツ**）を３個も食べちゃったの。

⑤ 편집자와 작가의 대화

編集者：では、資料は（**ファックス**）しますので。

ライター：あ、すみません。うち、（**ファックス**）、ないんですよ。

編集者：じゃあ、（**メール**）します。（**ファイル**）を*添付しますから。

⑥ 친구간의 대화 - 길에서

けい子：あら、ゆみ、ひさしぶり！ずいぶん（**スリム**）になったのね。

ゆみ：（**ダイエット**）に成功したのよ。ばんごはんは（**バナナジュース**）だけにしているの。

けい子：うーん、でも、それはぜんぜん（**ヘルシー**）じゃないよ。

⑦ 젊은 부부의 대화 - 집에서

夫：（**ゴールデンウイーク**）はどこか行く？

妻：（**オーストラリア**）はどう？

夫：行って帰って来るだけで、休みが終わっちゃいそうだなあ。

妻：じゃあ、（**シンガポール**）は？

夫：うーん、（**シンガポール**）は混むよ、きっと。あのさあ、ぼく、ちょっと見たいDVDがあるんだ。

妻：それなら、はじめからそう言えばいいでしょ！はいはい、（**ゴールデンウイーク**）は、家でDVDを見ましょ！

연습 3 (p.69)

① ×　② ×　③ ○　④ ×　⑤ ×

不動産屋：いらっしゃいませ。

客：あのう、もうすぐ結婚するので、マンションをさがしているんです。

不動産屋：お二人なら、ワンルームでもいいかもしれませんね。

客：いえ、こどもが生まれてもすぐには引っ越したくないので、１LDKぐらいほしいんです。

不動産屋：では、この２DKはどうでしょう？ダイニングキッチンとお部屋が２つ。お子さんが生まれても、だいじょうぶだと思いますよ。

客：でも、バスとトイレがいっしょなんですね。

不動産屋：そうですねえ……。では、こちらはどうでしょう？バスルームが別のタイプです。家賃も、そんなに高くありませんよ。

客：ああ、これはいいですね。ぜひ見せてください。

不動産屋：わかりました。では、さっそく見に行きましょう。

① 만남

けい子：私は、髪はショートカットです。ミニスカートとハイソックスをはいています。

勇太：わかった、チェックのスカートでしょ？

けい子：いえ、スカートは白とグレーのストライプです。

勇太：そうですか…。ぼくは、白いＴシャツにジーンズだけど、わかります？

けい子：そういう人、いっぱいいるから……。サングラス、かけてますか。

勇太：かけていません。あ、身長は173センチ、体重は56キロです。

けい子：スリムなんですね。私は158センチ、体重は秘密です。

勇太：もしかして、リボンのついたピンクのブラウス、着ていますか？

けい子：いえ、白いブラウスに、ベージュのカーディガンを着ています。

勇太：あ、わかった、わかった。右手を上げてもらえますか。ぼくも上げるから。

② 내 방의 상태

A（夫とわたしの部屋）

B（バスルーム）

C（トイレ）

D（ダイニング・キッチン）

E（リビングルーム）

F（ベランダ）

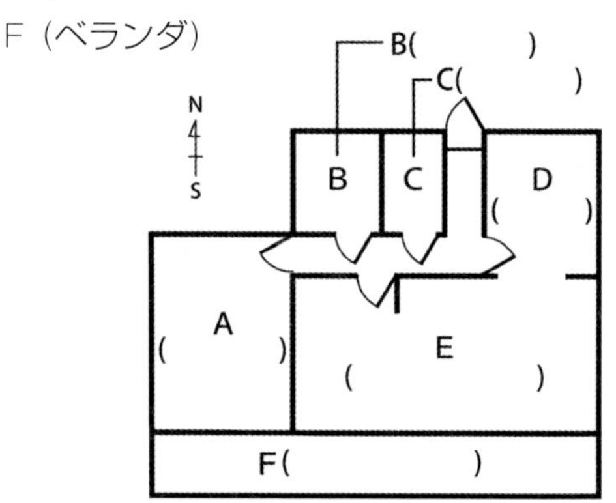

私の家は、40階建てのマンションの１番上にあります。玄関を入ると、ろうかがあり、ろうかに沿って、左側にダイニング・キッチンがあります。ろうかを右に曲がると、右側にトイレとバスルーム、左側に大きなドアがあります。そのドアを開けると、リビングルームです。南側には広いベランダがあって、そこから東京タワーが見えます。リビングルームのとなりは、夫と私のへやです。

どうですか、私のうちのようすがかけましたか？ でも、ごめんなさい、実は、これは私の理想の家のイメージなんです。いつか結婚したら、こんなマンションに住みたいです。

③ 피아니스트인 마키 선생님의 방

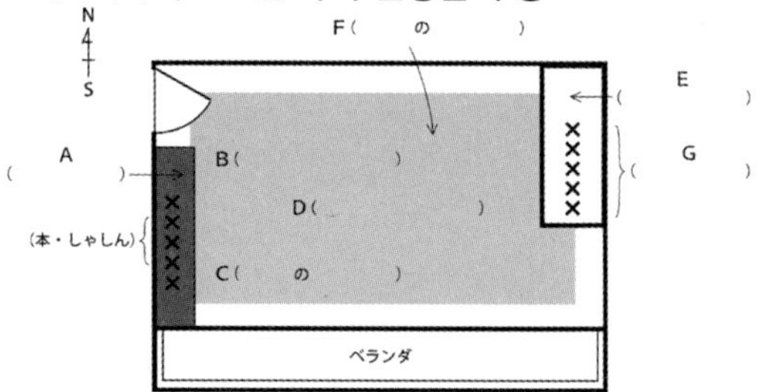

A（たな）
B（ソファー）
C（ガラスのテーブル）
D（グランドピアノ）
E（クローゼット）
F（グレーのカーペット）
G（ドレス）

私のピアノの先生が住む部屋について、お話しします。ピアニストのまき先生は、ワンルームマンションに、ペットのネコと一緒に住んでいます。部屋には、グレーのカーペットが敷いてあり、まん中に大きなグランドピアノがあります。東側のクローゼットには、コンサート用のドレスがたくさん入っています。西側の棚には、本がたくさん置いてあります。コンクールで優勝したときの写真もあります。そのそばに、ソファーとガラスのテーブルがあります。まき先生は、この部屋が大好きだけど、せまくてベッドが置けないのが残念だと言っています。毎日ピアノとクローゼットの間にふとんを敷いて寝ているそうです。

연습 5 (p.71)

A. [겨울철 스킨케어]

① 朝起きたら、洗顔（**ソープ**）で顔を洗う。（**スポンジ**）などを使って、（**ソフト**）に洗う。

② （**ビタミンC**）の入った（**ローション**）をぬる。

③ 乳液をぬって1分ぐらいしてから（**クリーム**）をぬる。

④ いつもの（**メイク**）をする。

⑤ 口べにをつける前に（**リップクリーム**）

をぬったほうがいい。

今朝は、冬のスキンケアについてお話します。

まず、朝起きたら、洗顔ソープで、きれいに顔を洗いましょう。スポンジなどを使って、ソフトに洗ってください。それから、ビタミンCの入ったローションをコットンにたっぷりつけて、お顔を軽くたたきましょう。ビタミンCのローションを使うと、お肌が若く美しくなります。次に乳液をぬって、1分ぐらいしてから、こちらのクリームをたっぷりぬってください。それから、いつものメイクをしてください。冬はとても乾燥しますから、口べにをつける前にリップクリームをぬったほうがいいでしょう。

では、みなさん、また明日！

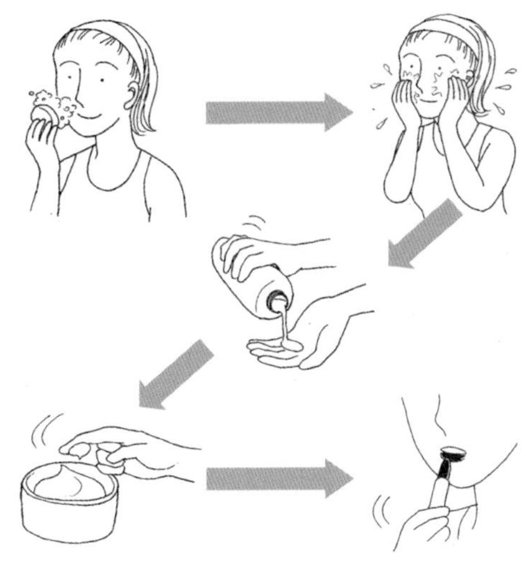

B. [테이블 매너]

① （**ナプキン**）は（b. ひざの上に置く）。

② （**スープ**）を飲むときは、イギリス式では、（**スプーン**）を手前から奥へ動かす。

③ イギリス式では、左手の（**フォーク**）を

右手に持ちかえてはいけない。
④ お皿に残った（**ソース**）を（**パン**）でふいて食べてもかまわない。
⑤ イギリス式では、食べ終わったら、（**ナイフ**）と（**フォーク**）をお皿の上にたてに置く。
⑥ （**フランス**）式は、自由なほうである。
⑦ （**アメリカ**）式は、非常に自由である。

春はパーティーの多い季節です。正しいテーブルマナーで、気持ちよく食事したいですね。

まず、ナプキンについてです。首からかける人をときどき見ますが、これは正しくありません。ナプキンは膝にかけましょう。イギリス式では、スープを飲むとき、スプーンを手前から奥へ動かします。パンは少しずつ、一口の大きさにしながら食べます。料理は、フォークで押さえながらナイフで一口の大きさに切って、それから食べます。そのとき、イギリス式ではフォークを右手に持ちかえてはいけません。おさらに残ったソースをパンでふいて食べるのは、コックさんへの感謝の気持ちを表すことになりますから、悪いマナーではありません。食事が終わったときや、「この料理はもう食べ終わりました」といいたいとき、イギリス式ではナイフとフォークをお皿の上にたてに置きます。

イギリス式はルールが多いですが、フランス式はもう少し自由です。アメリカ式は、もっとずっと自由です。

もし、厳しい人にマナーを注意されたら、「ごめんなさい、ずっとアメリカ式でしたので……」と言うのはどうでしょう？

とてもフォーマルなパーティーは別として、ふつうのディナーでしたら、楽しい食事が一番ですからね。

C. [한정된 에너지]
① 日本では、1973年、（**エネルギー**）供給に占める石油の割合が77％と（**ピーク**）に達した。
② 2度の（**オイル・ショック**）を経験してから、天然（**ガス**）や原子力などの利用を広げてきたが、現在でも石油が最も大きな（**シェア**）を占めている。
③ 石油を生産できない日本は、輸入しなければ、現在の生活（**レベル**）を維持することはできない。
④ だから、新しい（**エネルギー**）資源の開発が必要である。
⑤ （**エアコン**）の温度調節、公共の乗り物の使用など、一人ひとりの節約も大切である。
⑥ 私たちが豊かで文化的な生活を続けられるように、限りある（**エネルギー**）資源を大切にしよう。

日本では、1973年、エネルギー供給に占める石油の割合が77％とピークに達しました。

その後、2度のオイル・ショックを経験してから、天然ガスや原子力などの利用を広げてきましたが、現在でも石油は最も大きなシェアを占めています。アラブ諸国は、石油のおかげで豊かな国になりましたが、石油を生産できない日本は、輸入しなければ、現在のような生活レベルを維持することはできません。

人びとが石油を全部使ってしまう前に、新しいエネルギー資源の開発が必要です。政府は、ガソリンではなく太陽エネルギーで走る車、つまりソーラーカーを作ったり、風力発電の研究を進めたりするべきです。

また、一人ひとりが、エネルギー節約のためにできることをするのも大切です。たとえばエアコンを使うときも、必要以上に温度を高くしたり低くしたりしないよう、セットすることです。また、出かけるときに、マイカーをやめて、バスや電車などの公共の乗り物を使うこと、などです。こんな小さな努力をみんながすれば、大きな節約になると思います。

みなさん、いつまでも豊かで文化的な生活を続けることができるように、限りあるエネルギー資源を大切にしましょう。

연습 6 (p.72)

당신의 스피치

（생략）

STEP 5

1. 자기소개 쓰기

연습 1 (p.76)

例

自己紹介シートＡ

①**名前**：＿＿＿＿＿＿金　宥善＿＿＿＿＿＿（アルファベットまたは漢字）
　読み：＿＿＿＿＿＿キム　ユソン＿＿＿＿＿＿（カタカナ）

※②〜⑧はカタカナまたは漢字で。漢字の場合は、読み方をカタカナで書くこと。

②**出身国**：＿＿＿＿韓国　カンコク＿＿＿＿

③**出身地**：＿＿＿＿ソウル＿＿＿＿

④**好きなスポーツ**：＿＿＿＿バスケットボール＿＿＿＿

⑤**好きな音楽**：＿＿日本のポップス、韓国のポップス＿＿

⑥**よく見るテレビ番組の種類**：＿＿＿＿アニメ＿＿＿＿

⑦**尊敬する人・好きな人（有名な人に限る）**：＿ウォルト・ディズ＿
＿ニー＿＿

⑧**好きな**＿＿休日の過ごし方＿＿：＿＿ショッピング＿＿

연습 2

（생략）

2. 어드바이스 쓰기

연습 (p.78)

- （예）・ ヘルシーでバランスのとれた食事をする。
  - 一日の食事で、ちょうどよいカロリーを取るようにする
  - 太りすぎの場合は、ダイエットをして体重を減らす。
  - ダイエットをしすぎない。
  - 毎日ジョギングや水泳などのスポーツをする。
  - アルコールやコーヒー、ジュースなどを飲みすぎない。
  - 野菜やくだもののジュースを飲んで、ビタミンをとる。
  - ビタミンなどのサプリメントを飲む。
  - サプリメントに頼らないで、食事をしっかりとる。
  - タバコを吸わない。
  - 夜遅くまでゲームやインターネットをしない。
  - インターネットを利用して、健康のための情報を調べる。
  - なるべくリラックスして、ストレスを感じないようにする。

3. 의견 쓰기

연습 (p.79)

- （예）・ 強いリーダーシップで、メンバーをしっかりリードする。
  - 全体のスケジュールをチェックする。
  - メンバー一人一人が、モチベーションを持てるようにする。
  - メンバーが自由にディスカッションし、意見やアイ　デアを出せるようにする。
  - 会議が無駄なく行われるように、コントロールする。
  - メンバー同士がコミュニケーションをとりやすいような雰囲気をつくる。
  - 何かプランを実行するときには、目的や計画など、ビジョンをわかりやすく示す。
  - 客観的な判断ができるように、常にプラスとマイナスの両方を見る。
  - メンバーが十分力を出せるように、サポートする。
  - どんなリスクがあるか、常に考えながら、行動する。
  - みんながチャレンジする気持ちを持ち続けられるよう、雰囲気づくりをする。　など

4. 안내메일 쓰기

연습 (p.80)

（예）

件名：マリアさんの誕生日パーティー
本文：今月25日はマリアさんの誕生日なので、パーティーをしたいと思います。ぜひ、来てください。
＜日時＞5月25日（金）午後7：00から
＜場所＞カルロスの家
料理はブラジル料理とバースデーケーキを準備しておきますが、そのほかに一人一つ、料理か飲み物を持ってきてください。
また、みんなでお金を出してプレゼントを買いたいと思います。私が考えたのは、マリアさんの好きなアーチストのDVD、マグカップ、スカーフなどです。
ほかにいいアイデアがあったら、教えてください。
カルロス

5. 설명 쓰기

연습 (p.81)

① 나의 컴퓨터 이용 방법

私は、コンピュータを勉強やコミュニケーション、娯楽などいろいろな目的のために利用している。

一番よく使うのは、勉強をするときだ。たとえば、レポートを書くときに、情報を調べたりデータを集めたりするためにインターネットでいろいろなサイトを見る。そして、ワードでレポートを書いて提出する。また、プレゼンテーションの準備をするときには、パワーポイントで資料を作る。パワーポイントで作った資料はそのままプリントして、レジュメにすることができる。実験データをエクセルに入力して、表やグラフを作る。

また、コミュニケーションのためにはEメールを使う。ケータイでもメールをするが、パソコンのほうが、ファイルを添付するときに便利だ。それから、私は自分のブログを書いているので、友人がそれを読んで、コメントしてくれる。

また、私の入っている大学のサークルでは、ホームページを作っていて、メンバー同士の連絡やサークルの紹介に利用している。

国の家族と連絡を取るときは、メールをするか、インターネットビデオを通して話をする。インターネットビデオは、相手の顔を見ながら話ができるので、とても便利だ。

娯楽では、主にゲームに使う。ネットから無料でダウンロードできるソフトもある。また、オンラインゲームは、知らない人と一緒にゲームできて、とてもおもしろい。もちろん、ゲームだけではない。興味のあるサイトを追って、いろいろネットサーフィンするのは楽しくて、いつも時間を忘れてしまう。

このように、私にとってコンピューターは、とても便利で、無かったらとても困るものだといえる。

② 휴대전화로 더욱 편리하게

ケータイはとても便利です。いつでもどこでも電話できるというのは、ありがたいことです。しかし、ケータイの便利さはそれだけではないのです。ここで、電話以外のケータイの便利な使い方を説明したいと思います。

まず、便利なのはカメラです。いつでも写真が撮れ、撮った写真は、いつでも見ることができます。

たとえば電車の時刻表などを撮っておけば、必要なときにすぐ見ることができます。

次に便利な機能に、メールがあります。メールは、電話と違って、相手の都合に関係なく、メッセージを送ることができるので、相手にも迷惑がかかりません。また、手紙よりも気軽に出すことができます。

また、小さなコンピューターとして、インターネットのホームページやブログにアクセスすることもできます。電車の中でニュースを見たり、電車の時間を調べたりすることができます。

そのほか、スケジュールを管理する機能などがあります。書いたスケジュールを忘れないように、その時間になったら、アラームで教えてくれるように設定することもできます。
また、目覚まし時計がわりにアラームとして使う、忘れないようにメモを残す、買い物リストを作る、電卓やタイマーとして使うなど、いろいろと便利な使い方があります。
ケータイの種類によって、使える機能もさまざまです。自分がよく使う機能を中心にくらべ、使いやすそうなものを選びましょう。

실력테스트

제1회 (p.84)

01 ① b　② a　③ a

02

해답 + 스크립트

① b ……試合に勝つためには、もっと練習しないと。あしたから毎朝一緒にトレーニングしよう！

② b ……海外旅行だったら、今度はヨーロッパがいいな。スイスの山にも、一度のぼってみたいし。

③ a ……国際センターでは、留学を希望する人をサポートします。費用のこと、留学生活のことなど、なんでも相談してください。

03 ① b　② a　③ a　④ a　⑤ a
　　　⑥ a　⑦ b

04

해답 + 스크립트

① A：あのう、上りの（**エスカレーター**）、どこですか。

　B：申し訳ございませんが、（**ベビーカー**）のお客様には、（**エレベーター**）のご利用をお願いしております。

　A：そうですか。わかりました。

② A：あっ、見て！あの（**ゴリラ**）、何か食べてる。

　B：うん。でも、あれは（**ゴリラ**）じゃなくて、（**チンパンジー**）だよ。

　A：ほんとだ、間違えちゃった。ねえ、つぎは（**ライオン**）を見に行かない？

　B：うん、いいよ。

③ A：はい、セブンセブンです。

B：あのー、そちらで（**アルバイト**）をし
　　たいんですが。
A：そうですか。（**コンビニ**）で働いたこ
　　とはありますか。
B：ないんですけど、（**スーパー**）でな
　　ら、働いたことがあります。
④ A：ねえ。この（**ポスター**）、見て。
B：これ？……へえ、（**マラソン**）大会が
　　あるんだね。
A：この辺が（**コース**）になるのは珍しい
　　よね。見に来ようか。

05 ① b　② e　③ c　④ a

제2회 (p.86)

01 ① a　② b　③ b

02

① a……このドラマ、去年見たけど、ど
　　んな話だったっけ？ ストーリー、ほと
　　んど覚えてないよ。
② a……部屋を掃除して（い）たら、小学
　　校の時のアルバムが出てきて、すごく
　　なつかしかった。
③ a……国際センターでは、留学を希望
　　する人をサポートします。費用のこ
　　と、留学生活のことなど、なんでも相
　　談してください。

03 ① a　② b　③ a　④ b
　　　 ⑤ a　⑥ b　⑦ b, a

04

① A：明日の（**コンサート**）、会場はどこで
　　すか。
B：市民（**ホール**）です。先月、一緒に行
　　ったとこ　ろです。

A：ああ、あそこですか。あそこは（**ア
　　クセス**）がよくて、便利ですね。
② A：いま配った（**プリント**）を見てくださ
　　い。来月の練習の（**スケジュール**）は
　　いつもと違うので、注意してくだ
　　さい。
B：へー、場所も違うんだ。
A：あっ、そうなんです。大学の（**テニ
　　スコート**）、来月は使えないんです
　　よ。
③ A：この（**エアコン**）、こわれてるのかな
　　あ。全然動かないよ。
B：当たり前じゃない。それ、テレビ
　　の（**リモコン**）よ。
④ A：この部屋で（**パソコン**）を使いたいん
　　だけど、いい？
B：いいけど、ここには（**コンセント**）が
　　１つしかないよ。
A：大丈夫、大丈夫。（**コンセント**）がな
　　くても、（**バッテリー**）が充電してあ
　　るから。

05 ① b　② d　③ f　④ e

제3회 (p.88)

01 ① b　② a　③ b

02

① a……きょうは、いい試合になると思
　　いますよ。選手たちのコンディション
　　が、とてもいいですからね。
② b……ねえ、お父さん、見たいドラマ
　　があるから、9時になったらテレビのチ
　　ャンネル、変えてもいい？
③ b……ただいま留守にしております。
　　ピーッという音のあとに、メッセージ
　　をどうぞ。

04

①店員：いらっしゃいませ。ご注文をど
　　　うぞ。
　客：（**ハンバーガー**）を１つ。あ、（**セッ
　　　ト**）でお願いします。
　店員：（**ドリンク**）は、何になさいます
　　　か。
　客：ええと、じゃあ、（**アイスコーヒ
　　　ー**）。
　店員：かしこまりました。
②Ａ：忙しそうだね。（**ミーティング**）の準
　　　備？
　Ｂ：そうなんです。資料が多くて（**コピ
　　　ー**）が間に合わないかも……。
　Ａ：手伝うよ。これを（**クリップ**）で留め
　　　ればいい？
　Ｂ：すみません、助かります。
③妻：最近、どんな（**ダイエット**）がはやっ
　　　てるか知ってる？
　夫：うーん、知らないなあ。
　妻：あのね、食べたものを全部（**メモ**）す
　　　るのがはやってるんだって。
　夫：へー、そうなんだ。でも、また一
　　　時的な（**ブーム**）で終わっちゃうんじ
　　　ゃない？
④Ａ：みなさん、こんばんは。今日の（**ゲ
　　　スト**）は、山川しょうごさんです。
　　　山川さんは大学を卒業して、最初
　　　から（**カメラマン**）の仕事をされてい
　　　たんですか。
　Ｂ：いえ、最初は普通の（**サラリーマン**）
　　　だったんです。

05 ①e ②c ③f ④a

アクティビティ
활동

1. ペアワーク 페어워크
(p.132)

야마다 씨 집의 배치도

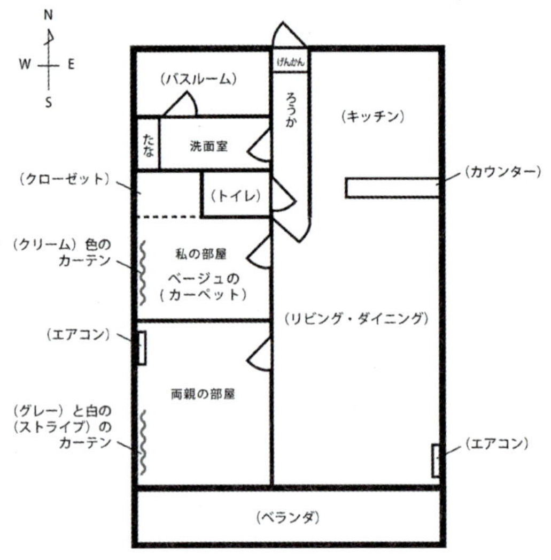

2．ロールプレイ 롤플레이

（１）레스토랑에서 （p.134）

ウェイター：ご注文はお決まりですか。

客：はい。Aランチをお願いします。

ウェイター：ハンバーグをおーつですね？ ライスとパン、どちらになさいますか。

客：ライスをお願いします。

ウェイター：セットになさいますと、プラス300円で、サラダとコーヒーがつきますが。

客：じゃあ、セットでお願いします。

ウェイター：はい、ハンバーグセットをおーつ。コーヒーはホットでよろしいですか。

客：はい。

ウェイター：デザートはどうなさいますか。

客：アイスクリームをお願いします。

ウェイター：コーヒーはお食事のあとでよろしいですか。

客：はい。デザートと一緒にお願いします。

（２）양품점에서 （p.136）

店員：いらっしゃいませ。何かお探しですか。

客：ジーンズがほしいんですが。

店員：こちらはいかがでしょうか。Sサイズですが、長いので、お客様にぴったりですよ。

客：*試着してもいいですか。

店員：どうぞ。・・・・あ、ほんとうによくお似合いですね。

客：これに合うセーターはありますか。

店員：このピンクのはいかがでしょう？ウール100パーセントですよ。

客：ピンクはちょっと……。ダークブルーのはありますか。

店員：はい。こちらはちょっとお高くなりますが。

客：でも、いいですね、これ。気に入りました。

店員：そのセーターの下に、このチェックのシャツはいかがですか。とてもきれいですよ。

客：そうですね。でも、今日はジーンズとセーターだけでいいです。

店員：かしこまりました。ありがとうございます。

●著者

棚橋明美(たなはし・あけみ)
早稲田大学日本語教育研究センター／聖学院大学非常勤講師

渡邊亜子(わたなべ・あこ)
明海大学非常勤講師

大場理恵子(おおば・りえこ)
東京農業大学非常勤講師

清水知子(しみず・ともこ)
横浜国立大学留学生センター／東京農業大学非常勤講師

가타카나어 한번에 패스하기

초판인쇄_ 2010년 11월 5일
초판발행_ 2010년 11월 10일
저자_ 棚橋明美、渡邊亜子、大場理恵子、清水知子
책임편집_ 신제찬
편집_ 임한준, 조해완
내지디자인_ elim
표지디자인_ 윤미주
펴낸이_ 엄호열
펴낸곳_ (주)시사일본어사
등록일자_ 1977년 12월 24일
등록번호_ 제300-1977-31호
주소_ 서울 종로구 원남동 13번지
전화_ 1588-1582(교재구입문의) / 02)3671-0570 (교재내용문의)
팩스_ 02)3671-0500
홈페이지_ book.japansisa.com
이메일_ tltk@chol.com
ISBN 978-89-402-9036-1 18730

* 이 교재의 내용을 사전 허가없이 전재하거나 복재할 경우 법적인 제재를 받게 됨을 알려 드립니다.

* 잘못된 책은 구입하신 서점이나 본사에서 교환해 드립니다.

* 정가는 표지에 표시되어 있습니다.